# *Conversas com Elizabeth Bishop*

27530
PNEUS
Firestone

**George Monteiro** ORGANIZAÇÃO

# *Conversas com Elizabeth Bishop*

**Organização da traduçao**
*Rogério Bettoni*

autêntica

TÍTULO ORIGINAL
*Conversations with Elizabeth Bishop*

ORGANIZAÇÃO DA TRADUÇÃO
*Rogério Bettoni*

TRADUÇÃO
*Amanda Guizzo Zampieri*
*Carolina Barcellos*
*Cláudia Santarosa*
*Heci Regina Candiani*
*Rogério Bettoni*

PROJETO GRÁFICO
*Diogo Droschi*

DIAGRAMAÇÃO
*Christiane Costa*

REVISÃO
*Lúcia Assumpção*
*Dila Bragança de Mendonça*
*Eduardo Soares*

EDITORA RESPONSÁVEL
*Rejane Dias*

Revisado conforme o Acordo Ortográfico da Língua Portuguesa de 1990, em vigor no Brasil desde janeiro de 2009.



**AUTÊNTICA EDITORA LTDA.**

**Belo Horizonte**
Rua Aimorés, 981, 8° andar . Funcionários
30140-071 . Belo Horizonte . MG
Tel.: (55 31) 3214 5700

Televendas: 0800 283 13 22
www.autenticaeditora.com.br

**São Paulo**
Av. Paulista, 2.073, Conjunto Nacional, Horsa I
23° andar, Conj. 2301 . Cerqueira César
01311-940 . São Paulo . SP
Tel.: (55 11) 3034 4468

**Dados Internacionais de Catalogação na Publicação (CIP)**
**(Câmara Brasileira do Livro, SP, Brasil)**

Conversas com Elizabeth Bishop / George Monteiro, (org.) ; organização da tradução Rogério Bettoni. -- Belo Horizonte : Autêntica Editora, 2013.

Título original: Conversations with Elizabeth Bishop

ISBN 978-85-8217-201-8

1. Bishop, Elizabeth, 1911-1979 - Entrevistas 2. Poesia - Autoria 3. Poetas americanos - Século 20 - Entrevistas I. Monteiro, George.

13-05127 CDD-811.54

Índices para catálogo sistemático:
1. Poetas americanos : Entrevistas 811.54

# *Sumário*

# *Poemas de Elizabeth Bishop mencionados no livro*

**De *Norte & Sul***
**(*North & South*, 1946)**
O mapa (*The Map*)
Vadeando em Wellfleet (*Wading at Wellfleet*)
Uma pintura grande e feia (*Large Bad Picture*)
Um milagre matinal (*A Miracle for Breakfast*)
A erva (*The Weed*)
Galos (*Roosters*)
O peixe (*The Fish*)
Canções para uma cantora de cor (*Songs for a Colored Singer*)
Casa de Jerónimo (*Jerónimo's House*)
Anáfora (*Anaphora*)

**De *Uma primavera fria***
**(*A Cold Spring*, 1955)**
Sonho de verão (*A Summer's Dream*)
No pesqueiro (*At the Fishhouses*)
O Capitólio visto da Biblioteca do Congresso (*View of the Capitol from The Library of Congress*)
Insônia (*Insomnia*)
Discussão (*Argument*)
Fôlego (*O Breath*)
Convite a Marianne Moore (*Invitation to Miss Marianne Moore*)

**De *Questões de viagem***
**(*Questions of Travel*, 1965)**
Chegada em Santos (*Arrival at Santos*)
Questões de viagem (*Questions of Travel*)
Canção do tempo das chuvas (*Song for the Rainy Season*)
O tatu (*The Armadillo*)
O ribeirinho (*The Riverman*)
O ladrão da Babilônia (*The Burglar of Babylon*)
No vilarejo (*In the Village*)
Posto de gasolina (*Filling Station*)
Maçarico (*Sandpiper*)
Visitas a St. Elizabeths (*Visits to St. Elizabeths*)

**De *Obras dispersas***
**(*Uncollected work*, 1969)**
Pela janela: Ouro Preto (*Under the Window: Ouro Prêto*)

**De *Geografia III* (*Geography III*, 1976)**
Na sala de espera (*In the Waiting Room*)
Crusoé na Inglaterra (*Crusoe in England*)
O alce (*The Moose*)
Poema (*Poem*)
Uma arte (*One Art*)

**De *Poemas novos e dispersos***
**(*New and Uncollected Poems*, 1978-79)**
Chegada em Santos (*Arrival at Santos*)
Cadela rosada (*Pink Dog*)

# *Introdução*

Vinte e cinco anos depois da morte de Elizabeth Bishop, dois de seus segredos muito bem guardados vieram a público. O fato de sua biógrafa poder dar pistas do alcoolismo e da homossexualidade de Bishop da mesma maneira que apresenta detalhes da publicação de seus livros é um indício do que aconteceu com o público no que se refere à privacidade na nossa época. Enquanto viva, no entanto, a poeta, de maneira resoluta e parcimoniosa, teve sucesso ao construir uma defesa contra a indesejada (e potencialmente destrutiva) exposição. A timidez natural manteve a poeta fora dos refletores e serviu também para manter a atenção do público onde deveria estar – nos poemas. Ela era absurdamente cautelosa no que se permitia falar em entrevistas.

Uma vez que relutava em conceder entrevistas, é compreensível que Elizabeth preferisse receber os entrevistadores, quando concordava em falar, em lugares que lhe fossem familiares. Esses lugares, no Brasil, eram a Fazenda Samambaia, em Petrópolis, o apartamento na praia do Leme, no Rio, ou a Casa Mariana, em Ouro Preto. Em Boston, os entrevistadores eram convidados ao seu apartamento, um armazém renovado em Lewis Wharf. Em visitas a Nova York, ela escolhia seu clube, o Cosmopolitan. Nesses lugares, ela parecia mais tranquila que em viagens, como na Holanda para um festival de arte, em Norman, Oklahoma, para receber um prêmio, ou em Seattle, para lecionar pela primeira vez no lugar do falecido Theodore Roethke.

Em Boston, no final de 1977, ao ser entrevistada pelo poeta George Starbuck, ela se desculpou por não ter dito "nada profundo". Em suas entrevistas, "Mariane Moore sempre dizia algo para fazer refletir sobre a arte de escrever, sobre técnica, e Robert Lowell sempre diz algo misterioso", lamentou ela. Na verdade, é uma marca registrada das entrevistas de Elizabeth o fato de ela ter evitado cuidadosamente qualquer indicativo de profundidade ou mistério, preferindo, ao que parece, permitir que seus poemas exprimissem qualquer pretensão de profundidade ou mistério a que a poeta tenha se permitido.

Elizabeth Bishop era muito atenta ao que dizia em entrevistas e conversas que pudessem vir a servir de base para notas jornalísticas ou matérias de toda sorte. As transcrições das entrevistas, por insistência dela, eram submetidas a aprovação e possíveis "correções" antes de serem publicadas. A sobrevivência, entre os documentos de Elizabeth em Vassar, por exemplo, de versões anteriores de entrevistas dadas a George Starbuck e ao aluno repórter do Bennington College sugere que ela tenha estabelecido condições de veto ao conceder entrevistas. Por vezes, sem poder exercer esse tipo de controle, como em 1975 em relação à história publicada pelo *Chicago Tribune* baseada em uma entrevista, ela se queixou sobre como a entrevistadora a fez parecer. Elizabeth Spires perguntou-lhe sobre o medo de não ser representada adequadamente em entrevistas e sobre a interpretação comum de que sua recusa constante em permitir que seu trabalho fosse publicado em antologias de poesias femininas fosse "um tipo de rejeição ao movimento feminista". "Sempre me considerei uma forte feminista", disse Elizabeth; "[ainda assim] depois que conversei com a moça por alguns minutos, percebi que ela queria me manipular para parecer 'antiquada' em relação a Erica Jong, Adrienne [Rich], pessoas de quem eu gosto, e outras obstinadamente feministas. O que não é verdade de maneira alguma." O grande problema, no entanto, foi que a entrevistadora entendeu erroneamente algumas de suas ideias. "Eu tinha dito que não acreditava em usar a poesia para fazer propaganda política. Que isso raramente funcionava", corrigiu Bishop. "O que ela me fez dizer foi 'Elizabeth Bishop não acredita que a poesia deva deixar transparecer a filosofia pessoal do poeta'. Isso me fez soar como uma completa idiota!"

Embora fosse uma pessoa tão reservada e cautelosa ao proteger os detalhes de sua vida privada, Elizabeth nunca foi de fato avessa a conceder entrevistas. Ela preferia que fossem conduzidas por amigos e conhecidos sempre que possível. Essas entrevistas "controladas" tendiam especialmente a respostas circunspectas que enfatizavam as mesmas coisas, recontando as mesmas histórias. Ela insistia, por exemplo, em contar a história sobre como uma violenta crise alérgica a um caju, consumido na ocasião de sua chegada ao Brasil em 1951, a fez perder o navio e, por conseguinte, iniciar uma longa estada no paraíso tropical proibido que era o Rio de Janeiro. Ela não reconhece que essa enfermidade possibilitou o que ela talvez quisesse desde o início: o desabrochar de seu amor por Lota de Macedo Soares, a brasileira que se tornou sua companhia mais próxima.

Nas entrevistas, ela permaneceu, até a sua morte, tão discreta quanto era na poesia que publicou em vida. Quando entrevistada pela revista *Time* para uma matéria de capa sobre seu amigo Robert Lowell, também poeta, ela se posicionou contra a assim chamada poesia "confessional" de seus contemporâneos, dizendo que "era algo novo no mundo"*. "Odeio poesia confessional, e tem tanta gente escrevendo atualmente", contou ela a Wesley Wehr. "Além disso, eles quase nunca têm algo interessante para 'confessar'. A maioria escreve sobre coisas que, para mim, é melhor que não sejam ditas." Tampouco se importou com a geração *beat*, classificando-a como "romântica e autopiedosa", como ela mesma disse a Tom Robbins, em Seattle. Os poetas confessionais e os *beatniks* eram um exagero, como ela explicou a Leslie Hanscom, e faziam parte da escola do "ai que agonia é a minha vida".

O repúdio que Elizabeth sentia pelas poesias *beat* e confessional parece se basear fortemente no seu senso estético sobre o que a poesia deveria ser e fazer, mas também em seu caráter pessoal. "É possível ter defesas *suficientes*?", ela enfatizou para Wesley. Ela "acreditava", como disse, "em armários, armários e mais armários".** O fim da poesia não é autoexpressão, ideia que ela confirmou ao se tornar professora. "Aqueles alunos *não* estão lá para se 'expressar'", contou ela a Wesley; "eles estão lá para aprender sobre como escrever um *bom poema*".

Elizabeth parecia sempre pronta para falar sobre a necessidade de a poesia ser exata, mesmo que, como Robert Lowell havia insistido, ela levasse "essa mania de precisão longe demais", como disse a David

---

* "Poets: The Second Chance", *Time*, 2 de junho de 1967, p. 68.

** FOUNTAIN, Gary.; BRAZEAU, Peter. (Org.). *Remembering Elizabeth Bishop: An Oral Biography.* Amherst: University of Massachusetts Press, 1994. p. 327, 330.

McCullough. Também confessou para David que perdera as três casas mencionadas em "Uma arte": em Key West, Petrópolis e Ouro Preto. E o poema "O peixe" falava de uma pescaria em Key West. "*Sempre tento* me fiar ao máximo no que *realmente* aconteceu quando descrevo alguma coisa em um poema", relatou a Wesley Wehr, ainda que em "O peixe" ela tenha admitido que mudou o número de anzóis pendentes da boca do peixe de três para cinco, porque "às vezes um poema faz suas próprias exigências". Da mesma forma, admitiu ter descoberto que fundiu histórias de duas edições da revista *National Geographic*, em 1918, em uma história só, descrita no poema "Na sala de espera", mas decidiu, como contou a David McCullough, não mudar o poema porque "estava bem do jeito que estava". Talvez o que ela realmente quisesse dizer com "precisão" não tivesse tanto a ver com uma obediência escrava aos detalhes descritivos ou incidentes factuais, mas sim com a lealdade verídica ao que era possível no mundo real. Era isso que ela queria dizer quando reclamou – conforme relatado por Dana Gioia – que seus alunos assumiam como "realidade" o comercial do sabão para lava-louças Joy em que se via o reflexo de um rosto humano em um prato polido. Para ela, essa imagem era impossível – "Você jamais verá o próprio rosto refletido num prato" – e por consequência era inacessível para o escritor.

Ela não gostava muito dos críticos literários, preferindo falar mais sobre eles que sobre "crítica", assim como preferia falar sobre poemas em vez de falar sobre poesia. "Os críticos encontram as mais extraordinárias filosofias que nunca poderiam ter nos ocorrido enquanto escrevíamos o poema", ela se queixou a Eileen McMahon. Gioia menciona que, para entender um poema, ela aconselhava a seus alunos que usassem o dicionário. "É melhor que os críticos." Mas ela lia o que os críticos e comentadores escreviam sobre ela, e muitas vezes suas respostas eram interpretadas pelos leitores como se fossem dirigidas a comentários indefinidos sobre seu trabalho. "Não estou interessada em uma obra de tamanha proporção", contou ela a Ashley Brown. "Algumas coisas não precisam ser grandes para serem boas." Quanto à relativa escassez de assuntos humanos em sua poesia, ela admitiu para Anna Quindlen: "Acho que a geografia vem antes no meu trabalho, e depois, os animais. Mas gosto de pessoas também; escrevi alguns poemas sobre pessoas". O fato de ser "muito voltada para objetos" também surge na entrevista com Alexandra Johnson. "Os críticos frequentemente dizem que escrevo mais sobre coisas do que sobre pessoas. Não é algo consciente", ela explica. "Apenas tento olhar para os objetos uma segunda vez. Certa curiosidade sobre o mundo ao nosso redor é uma das coisas mais importantes da vida. É o que está por trás de quase toda a poesia." Na mesma entrevista, Elizabeth respondeu aos críticos que a acusam de ser "uma poeta meramente descritiva", apontando que a poesia descritiva não é "algo ruim, desde que você faça bem feito". Afinal, "a imaginação tem a sua geografia própria". Ainda assim, há sinais de que ela tenha se enraivecido com a acusação de Edward Lucie-Smith, em 1964, para quem disse: "É muito fácil escrever poesia descritiva. Quero evitar o pitoresco, escrever algo mais abstrato".

Acusações sobre seu feminismo, ou, mais comumente, o que parecia ser seu comportamento antifeminista, eram uma fonte de irritação constante para ela, assim como as atitudes antifeministas insensíveis com relação ao seu trabalho. Ela não era "uma militante ardente", admitiu para Eileen Farley, mas estava agindo como feminista quando recusava a publicação de seu trabalho em antologias dedicadas à poesia feminina, o que fez ao longo de sua carreira, começando na década de 1930. "Você lê uma crítica bem favorável sobre determinada escritora dizendo que ela é inteligente e talentosa e você pensa que ela deve ser maravilhosa", contou para Eileen Farley. "Mas no final lê 'o melhor livro escrito por uma mulher', e então tudo que pensou antes perde seu valor". "Algumas das melhores críticas que recebi foram arruinadas porque, ao final, disseram 'Este é o melhor livro da década escrito por uma mulher'. Ouvi isso minha vida inteira", relatou ela a Joan Zyda. "Sempre me interessei mais por coisas visuais que por política. Mas eu era, e sou, uma feminista; e é por isso que me recuso terminantemente a fazer parte de publicações e leituras públicas exclusivas para mulheres", disse com objetividade a Sheila Hale em 1978.

Quando ficou mais velha, Elizabeth se tornou mais aberta, talvez menos circunspecta, com os entrevistadores. Quando, em 1978, o editor da *Paris Review* quis incluí-la em uma famosa série de entrevistas, ela chegou a reclamar: "Deveriam ter me entrevistado na mesma época que entrevistaram todos os outros"*. E por mais que

* FOUNTAIN, Gary.; BRAZEAU, Peter. (Org.). *Remembering Elizabeth Bishop: An Oral Biography.* Amherst: University of Massachusetts Press, 1994. p. 342.

a tivessem convencido a conceder uma entrevista a Helen Vendler, crítica, professora e integrante dos círculos que Elizabeth frequentava em Boston, sua morte em 1979 ocorreu antes da entrevista. O resultado foi que a *Paris Review* finalmente, em 1983, publicou em sua série a matéria (ampliada) de Elizabeth Spires, baseada em conversas com Elizabeth Bishop, que apareceu na *Vassar Quarterly* em 1979.

Em linhas gerais, as entrevistas e as conversas reunidas nesta seleção podem ser divididas entre as publicadas em inglês e as publicadas em outras línguas – cinco em português e uma em holandês. O tema principal de suas primeiras entrevistas brasileiras são as circunstâncias e razões de sua decisão de morar no Brasil, suas preferências por literatura norte-americana e brasileira – questões de interesse mais direto para os leitores brasileiros. É nessas entrevistas que ela lista os poetas e escritores brasileiros que mais chamam sua atenção, como Carlos Drummond de Andrade, João Cabral de Melo Neto, Manuel Bandeira e Vinicius de Moraes, este último um poeta sério cuja fama maior é ter escrito a letra da música "Garota de Ipanema". Ao passo que na entrevista dada durante um festival de arte em Ouro Preto, onde comprou uma casa de estilo colonial em 1965, ela é naturalmente questionada sobre o festival em si e sobre o que faria, se tivesse recursos, para melhorar as condições de vida em Ouro Preto. Ela diz que faria de tudo para conseguir um extenso sistema de esgoto para toda a cidade, similar ao sistema séptico que ela instalou, pioneiramente, em Ouro Preto. Na verdade, algumas de suas entrevistas brasileiras tentam representá-la através de críticas sociopolíticas ao Brasil, como faz Léo Gilson Ribeiro. Até mesmo a sua tentativa de extrair capital político de "O ladrão da Babilônia", entretanto, deve mais a sua própria visão política que ao pensamento sociopolítico de Elizabeth sobre o Brasil. Como ela própria revelou a Ashley Brown em 1966, bem depois do golpe de Estado que transformou o Brasil em uma ditadura militar, ela se opunha a "pensamento político nesses termos para escritores". Não houve uma crítica pública e inequívoca sobre como o Brasil trata seus moradores de rua, por exemplo, até a publicação póstuma, em 1979, de seu poema "Cadela rosada". Em 1977, falando com Beatriz Schiller, ela revela que não tem teorias sobre o Brasil e que tê-lo deixado não teve relação com a política brasileira. As entrevistas feitas e publicadas em inglês tendem a ressaltar os poemas de Elizabeth e suas teorias sobre prática poética em geral. Nem sempre ela ficava satisfeita com o modo como suas ideias eram veiculadas ou traduzidas. "É por isso que surge o nervosismo em relação a entrevistas", reclamou para Elizabeth Spires.

Coisas que demandavam seu tempo, como entrevistas e questionários, a estressavam. Quando John Ciardi, em meados do século, pediu que poetas norte-americanos elaborassem uma resposta de cinco mil palavras a um questionário, Elizabeth mal chegou a usar trezentas palavras para atacar a "análise de poesia", a qual, alertou ela, "está se tornando cada vez mais pretensiosa e mortal"*. A própria fala de Elizabeth sobre as fontes da poesia é estranhamente evasiva, mas interessante. "Não há nada tão complicado nisso", explica; "é como fazer um mapa. No fim, todas as peças se encaixam", contou ela a Sally Ellis em 1950. "De vez em quando eu perco uma delas, aí é um problema. Eu me lembro de uma vez que perdi uma peça fundamental e aquele poema nunca foi escrito." Em Londres, em 1964, ela insistiu com Edward Lucie-Smith de maneira nebulosa na necessidade de "ter a mente aberta, deixar as coisas acontecerem, agarrar-se a alguma coisa que flutua aleatoriamente no ar". Em 1966, Elizabeth repetiu essa ideia para Ashley Brown: "Um grupo de palavras, até uma frase, pode chegar ao meu pensamento, como alguma coisa que flutua no mar e atrai outras coisas para si". Para George Starbuck, uma década mais tarde, ela pareceu fazer questão de não expressar preferências quando apontou que "talvez sejam necessárias centenas de coisas juntas, no momento certo, para fazer um poema e ninguém pode de fato separá-las e dizer isso fez isso, aquilo fez aquilo". E qual a grande qualidade que todo poema deve ter? "A surpresa", ela responde à pergunta de Alexandra Johnson. "O tema e a linguagem que conduzem o poema devem surpreender. Você tem de se surpreender ao ver algo novo e tão extraordinariamente vivo." Essas declarações impressionistas sobre a aleatoriedade do que pode ser chamado de inspiração poética (embora ela resistisse ao termo) nos conta muito sobre a maneira maleável de pensar de Elizabeth a respeito do processo poético, ainda que possa ser difícil construir uma *ars poetica* a partir delas. No entanto, elas estão de acordo com sua resposta à pergunta

---

* BISHOP, Elizabeth. It all depends. In: CIARDI; John. (Org.). *Mid-Century American Poets.* Nova York: Twayne, 1950. p. 267.

de Elizabeth Spire: "Quando jovem, você se via como escritora?". "Não, tudo acontece sem que você pense a respeito", disse ela. "Eu nunca quis ir para o Brasil. Nunca tive intenção de fazer nenhuma dessas coisas. Acho que tudo simplesmente *aconteceu*."

Quanto a suas leituras e a seus predecessores entre os poetas, ela tende a ser tão específica quanto concreta. W. H. Auden, Gerard Manley Hopkins, T. S. Eliot, Wallace Stevens, John Donne e George Herbert são os favoritos do começo de sua carreira, e o autor de *The Temple* talvez se sobressaia como a influência mais forte sobre seu trabalho. Para Sheila Hale, ela repete, com sinais de aprovação, o que Coleridge disse sobre Herbert: "Ele escreveu sobre as coisas mais fantásticas que se pode imaginar em uma linguagem perfeitamente cotidiana", acrescentando que "isso é o que sempre tentei fazer". Ela relaciona um dos traços característicos de sua poesia a um estudo sobre a prosa barroca do século XVII, "que se esforçou em mostrar que os sermões barrocos, como os de Donne, tentavam dramatizar a mente em ação e não a mente em repouso", contou ela a Ashley Brown, através "do uso do tempo presente". "Mudar o tempo verbal sempre gera efeitos de profundidade, espaço, perspectiva de primeiro e segundo planos, etc." Basta pensar no último verso de "Uma arte" para ver uma variação desse princípio quando ela muda as vozes para atingir efeito similar: "Embora pareça como (*Escreve!*) como um desastre"*.

As fontes das entrevistas e matérias baseadas em conversas com Elizabeth Bishop são variadas. Como se poderia esperar, quando aceitou o emprego de consultora de poesia na Biblioteca do Congresso ou o posto para lecionar na Universidade de Washington, ela pareceu mais propensa a conversar com jornais locais. Há ainda entrevistas de Norman, Oklahoma, para onde Elizabeth viajou já mais adiante na vida para receber o prêmio *Neustadt*, e de Seattle, Washington, onde ela lecionou em 1966. Quando estava na Europa em uma exposição/conferência na Holanda, ela foi entrevistada pelo escritor holandês J. Bernlef, que também traduziu algumas de suas poesias.

No Brasil, foi o fato de ganhar o Prêmio Pulitzer que despertou a atenção dos jornalistas brasileiros para a poeta laureada norte-americana que vivia entre eles. A atenção do público, desencadeada pelo Pulitzer,

* No original: "Though it may look like (*Write* it!) like disaster." (N.E.)

foi bem recebida por Elizabeth e por sua amiga Lota porque deu a Elizabeth credibilidade como poeta, algo que os brasileiros lhe haviam negado. Foi como uma celebridade local que o repórter inominado da *Visão*, uma revista de São Paulo, a entrevistou durante o festival de primavera de Ouro Preto, em 1969. Foi agradável ouvi-la falar, como uma forasteira já aclimatada, sobre o que ela realizaria em Ouro Preto, o berço de sua Casa Mariana, se estivesse no comando do governo. Essa entrevista foi publicada em português, assim como as outras feitas por brasileiros, e é pouco provável que Elizabeth tenha sido capaz de exercer sobre elas o mesmo controle editorial que aquele exercido sobre as entrevistas dadas a amigos e poetas norte-americanos, tais como Ashley Brown, George Starbuck e Elizabeth Spires.

Os textos neste livro foram reimpressos na íntegra, com exceção das entrevistas publicadas na revista *Visão* e na revista inglesa *Harpers and Queen* – o material que não tinha relação com Elizabeth foi omitido. Há algumas repetições, já que a poeta tinha tendência a repetir as mesmas histórias sobre sua chegada ao Brasil, sua decisão de ficar e a maneira como as pessoas comuns no Brasil reagiram ao saber que ela era uma poeta premiada. Essa mesma repetição revela algo sobre como Elizabeth conseguia controlar os entrevistadores brasileiros que não eram seus conhecidos como Beatriz Schiller.

A generosidade e a colaboração de vários indivíduos facilitaram o meu trabalho ao identificar e reunir os textos deste livro. Eu gostaria de agradecer a Carlos Daghlian, que forneceu cópias de quase todo o material brasileiro; Luiz Valente, que localizou a entrevista da *Visão*; Catherine Barel, que traduziu do holandês para o inglês a entrevista feita por J. Bernlef; Carla Rickerson, da Universidade de Washington; Nancy MacKchnie, curadora de livros raros e manuscritos e sua equipe na Vassar College, Elizabeth Coogan e a equipe da Interlibrary Loan, na Universidade Brown.

O meu texto de introdução se beneficiou ainda da delicada edição de Brenda Murphy. Agradeço sua ajuda.

*GM*

ROGER FRY

# *Cronologia*

| | |
|---|---|
| 1911 | Elizabeth Bishop, filha de William Thomas Bishop e Gertrude Bulmer Bishop, nasce em Wocester, Massachusetts, em 8 de fevereiro. Seu pai morre em outubro. |
| 1915 | A mãe de Elizabeth é internada no Hospital de Nova Escócia. |
| 1916–18 | Mora com os avós na Nova Escócia e em Worcester, Massachusetts. |
| 1927–30 | Frequenta a Walnut Hill School, em Natick, Massachusetts. Escreve para *The Blue Pencil*, revista literária da escola. |
| 1930 | Entra para a Vassar College. |
| 1933–34 | Participa da publicação da *Con Spirito*, concorrente da *Vassar Review*. |
| 1934 | Conhece Marianne Moore. Morre a mãe de Elizabeth. Forma-se na Vassar com diploma em Literatura Inglesa. Muda-se para Greenwich Village, NY. |
| 1935 | Visita a Europa pela primeira vez. |
| 1938 | Compra uma casa em Key West, Flórida. |
| 1942 | Conhece Lota de Macedo Soares em Nova York. Visita o México. |
| 1945 | Recebe a Bolsa do Prêmio de Poesia Houghton Mifflin. |
| 1946 | A editora Houghton Mifflin publica *North & South*. |
| 1947 | Ganha a Bolsa Guggenheim. Conhece Robert Lowell. |
| 1949 | É nomeada Consultora em Poesia na Biblioteca do Congresso. |

1950 Recebe o prêmio da Academia Americana de Artes e Letras.

1951 Recebe a primeira Bolsa Lucy Martin Donnelly, concedida pelo Bryn Mawr College. Começa uma viagem pelo mar ao longo da costa da América do Sul, parando no Brasil para uma curta visita, que, em virtude de uma enfermidade, se transforma em uma estada de quase duas décadas. Vai morar com a amiga Lota de Macedo Soares no Rio de Janeiro e em Petrópolis.

1953 Recebe o Prêmio Shelley Memorial, de 1952. Publica duas histórias autobiográficas na *New Yorker*.

1954 Eleita membro vitalício no American Institute of Arts and Letters.

1955 A editora Houghton Mifflin publica *Poems: North & South – A Cold Spring*, reimpressão de seu primeiro livro, juntamente com uma nova seleção.

1956 Ganha o Prêmio Pulitzer de Poesia. Recebe uma bolsa da *Partisan Review*. A editora Chatto and Windus, em Londres, publica *Poems*.

1957 Recebe a Bolsa de viagem Amy Lowell. A editora Farrar, Straus and Cudahy publica *The Diary of "Helena Morley"*, tradução de Bishop do livro *Minha vida de menina*, de Alice Brant.

1960 Recebe um prêmio da Fundação Chapelbrook.

1961 Viaja para o Amazonas e, com o escritor Aldous Huxley, para o Mato Grosso.

1963 *Brazil*, livro da coleção "World Library", da revista *Time*, é publicado pela Time Incorporated.

1964 Ganha uma Bolsa da Academia de Poetas Norte-Americanos. Viaja para a Itália e a Inglaterra. Publica traduções de três histórias de Clarice Lispector na *Kenyon Review*.

1965 *Questions of Travel*, seu terceiro livro de poesia, é publicado pela Farrar, Straus and Giroux. Compra uma casa colonial em Ouro Preto, a qual ela chama de "Mariana".

1966 Leciona pela primeira vez na Universidade de Washington, em Seattle.

1967 Desce o rio São Francisco. A editora Chatto and Windus, em Londres, publica *Selected Poems*.

1968 Recebe uma Bolsa da Fundação Ingram-Merrill. A editora Farrar, Straus and Giroux publica *The Ballad of the Buglar of Babylon*.

1969 *The Completed Poems* é publicado pela Farrar, Straus and Giroux. É condecorada com o National Book Award e com a medalha da Ordem de Rio Branco. A Smith College lhe concede um título honorífico.

1970 Leciona na Universidade de Harvard pela primeira vez.

1972 Viaja para Equador, Ilhas de Galápagos e Peru. A editora Wesleyan University Press publica *An Anthology of Twentieth-Century Brazilian Poetry*, uma seleção de traduções em inglês de poemas brasileiros organizada por Elizabeth Bishop e Emanuel Brasil. Recebe títulos honoríficos da universidades Rutgers e Brown.

1973 Viaja para Suécia, Finlândia, Leningrado e Noruega.

1974 Recebe o Prêmio Harriet Monroe de Poesia. Compra um apartamento na zona portuária de Boston.

1976 Recebe o Prêmio Internacional de Literatura Neudstadt/Books Abroad. Viaja para Portugal. A editora Farrar, Straus and Giroux publica *Geography III*. Eleita para a Academia Norte-Americana de Artes e Letras.

1977 Recebe o Prêmio do National Book Critics Circle.

1978 Recebe títulos honoríficos da Universidade Dalhousie, Halifax, Nova Escócia e da Universidade Princeton. Morre, aos 68 anos, em 6 de outubro de um aneurisma cerebral.

# *Conversas com Elizabeth Bishop*

# *Titular da Cadeira de Poesia dos Estados Unidos conta como corteja a Musa*

**Sally Ellis, 1950**

*Boston Post Magazine*, 8 de janeiro de 1950, p. 5.

*Tradução*
Cláudia Santarosa

Washington, D. C. – Coisas estranhas acontecem no sótão da Biblioteca do Congresso!

Em um escritório de quase dez metros de comprimento, que mais parece uma sala de estar em Beacon Hill, na qual esperamos ser servidos de chá com sanduíches a qualquer momento, uma mulher atraente está sentada em sua mesa juntando pedaços de papel.

Mas Elizabeth Bishop não está restaurando um antigo documento raro: está apenas lutando com a Musa à sua própria maneira.

Quieta e modesta, Elizabeth Bishop, que nasceu em Worcester, é poeta, e não um poeta qualquer. Ela é a terceira mulher a ocupar a Cadeira de Poesia da Biblioteca do Congresso dos Estados Unidos.

Como a maioria dos poetas, ela não senta e escreve simplesmente como se fechasse as persianas. Ela dá seu suor. Uma frase solta aqui, uma palavra apanhada ali, uma expressão que surge na mente ficam cuidadosamente arquivadas em sua memória até que ela consiga pôr as mãos em um pedaço de papel.

A consultora em poesia de 38 anos guarda esses papéis como quem coleciona moedas e caixas de fósforos. Pode-se passar uma semana ou seis meses até que ela reúna todos aqueles papeizinhos em sua mesa e os junte como se fossem um quebra-cabeça.

Então Elizabeth tem um poema!

"Não há nada tão complicado nisso", explica, "é como fazer um mapa. No fim, todas as peças se encaixam. De vez em quando eu perco uma delas, aí é um problema. Eu me lembro de uma vez que perdi uma peça fundamental, e aquele poema nunca foi escrito."

Autora de *Norte & Sul* (Houghton, Mifflin, 1946), pelo qual recebeu o primeiro Prêmio de Poesia Houghton Mifflin em 1944, Bishop é uma das jovens poetas mais promissoras de hoje.

Em sua posição como consultora em poesia, ela atende a biblioteca orientando a aquisição, a catalogação e os trabalhos bibliográficos ligados a coleções de poesia. É especialista nesse campo, além de atuar como assistente em projetos especiais, como na gravação de discos de poesia, por exemplo.

Em meio a tudo isso ela escreve poesia, e agora trabalha em seu segundo volume de poemas, que espera terminar em breve. Como autoridade em poesia, Bishop é chamada a responder todo tipo de perguntas. Cerca de 3 mil cartas querendo saber de tudo, desde "quem é o autor de *Abou Ben Adhem*" a "qual o poema apropriado para o Dia das Mães", chegam todo ano em seu escritório.

"As pessoas querem saber por que não podem ser poetas laureados", ri Bishop, "e eu tenho de lhes dizer que esse emprego não existe nos Estados Unidos".

A nova consultora em poesia tem uma memória fotográfica daquelas, o que é inestimável nesse tipo de trabalho. Por exemplo, há pouco tempo uma mulher ligou do Departamento do Estado e disse que alguém estava traduzindo uma antologia de poesia negra norte-americana para o sueco; perguntou se Bishop sabia o que era um canivete automático. Parecia que ninguém mais em Washington tinha aquela informação!

Mas é claro! E ela nem precisaria folhear vários materiais de referência. Retornou a ligação logo depois, dizendo que era um tipo de faca com um botão na lateral, quando então houve um silêncio mortal do outro lado da linha. Alguém deve ter corrido para socorrer com sais aromáticos quem desmaiou no Departamento do Estado! Afinal, nada em Washington acontecia naquela rapidez.

As pessoas perguntam e esperam que Bishop e sua assistente muito eficiente respondam perguntas como "Mary Garden já escreveu um poema?" e "Longfellow escreveu *Barbara Fritchie*?"

Senhoras entre seus 60 e 80 anos querem saber se a biblioteca pode encontrar uma cópia de um poema que deram aos seus avôs. Um homem queria uma lista de tudo que Robert Browing já havia escrito. Outro pediu o texto completo do "Hymn of the Nativity", de Richard Crashaw, para que pudesse transformá-lo em música. Semana passada ele telefonou para o departamento novamente para contar que o hino seria tocado na Catedral de Washington no domingo antes do Natal.

Espera-se que Bishop seja uma autoridade não apenas em poesia, mas também em linguística: há pouco tempo alguém ligou para ela e disse: "Ei, se eu ler para você umas seis linhas de um poema em alemão, você traduz?"

"Sempre nos perguntam sobre poemas que falam de amor, cavalos, casamento, cães e morte. Uma carta veio de Allentown, Pensilvânia, pedindo um poema sobre Washington, com a seguinte observação: "Mas nada muito sério". Um soldado apareceu dois dias atrás querendo saber qual era a história do *limerick*".*

"E você fez o quê?", perguntamos, completamente pasmos com a tranquilidade de Bishop.

"Eu disse que ele encontraria na Enciclopédia Britânica, mas ele não acreditou", continuou Bishop, sorrindo. "Então eu mesma procurei, passei a ele as informações, e ele foi embora feliz da vida, achando tudo bem natural".

Quando as cerejeiras dão flor em Washington D. C., marcando o início da primavera, a Cadeira de Poesia traz à tona seus poemas para o *Memorial Day*, atendendo à enxurrada de pedidos de algo apropriado para a ocasião. É no dia 30 de maio que chega a maior quantidade de cartas pedindo poemas. Mas há também uma disputa acirrada entre o Dia das Mães, o Dia da Independência (4 de julho) e o Natal.

O Exército e a Marinha estão sempre pedindo poemas escritos durante a Segunda Guerra Mundial, e os senadores, diz Bishop, geralmente querem partes específicas de poemas para citar nos discursos. De vez em quando a Casa Branca também telefona pedindo versos de algum poema para acrescentar em algum discurso.

* Poema humorístico curto, originado na tradição oral irlandesa, composto geralmente de cinco versos e com esquema de rima AABBA. (N.T.)

Há um espírito de "nunca diga nunca" entre os consultores em poesia. Certa vez uma pessoa pediu um poema sobre o Natal nos asilos, e a assistente de Bishop passou três meses procurando.

Uma outra busca realizada foi por "Paul Points His Pistol at the Pehsians", poema escrito em um dialeto falado pelos negros norte-americanos, mas que infelizmente nunca foi encontrado. Não foi um trabalho fácil, mas a equipe conseguiu desenterrar um poema a respeito dos prédios e da cidade de Nova York, enviando-o no lugar daquele outro: o poema encontrado foi "Morals, Manners and Miseries in a Tenement House", publicado por Henry Laffin em 1887.

Algumas indicações do estado em que as esposas importunas deixavam seus maridos nos são dadas pela popularidade de um poema muito antigo chamado "Thirty Years with a Strew". São três páginas de versos sobre como São Pedro deixou entrar no paraíso uma mulher rabugenta e farisaica e seu marido gordo, simpático e tranquilo.

Embora a maioria das cartas seja respondida pela assistente de Bishop, é sobre a mesa dela que os problemas mais complicados sempre vão parar. Além disso, Bishop cuida de projetos especiais, como a gravação de discos de poesia, realizada pela Biblioteca do Congresso.

"Com a fundação de um estúdio de gravação em 1940, a Biblioteca do Congresso começou a gravar as leituras de poesia feitas por poetas visitantes", explicou Bishop. "Tantos estudantes, professores e amantes da poesia ficaram interessados que os membros da Biblioteca do Congresso em Literatura Norte-Americana decidiram fazer uma coleção."

"A coleção começou quando Archibald MacLeish assumiu o cargo de Bibliotecário do Congresso, e hoje temos cinco discos gravados, incluindo gravações de uns vinte poetas contemporâneos famosos, como Robert Frost, T. S. Eliot, Marianne Moore, Karl Shapiro, Mark Van Doren e Theodore Spencer."

Mas a tarefa que mais tem ocupado Bishop no momento é o lançamento de uma série de gravações desses poetas contemporâneos. Robert Frost esteve na Biblioteca durante o fim de semana para gravar um disco. "Ele lê lindamente", suspirou Bishop.

Os poetas têm liberdade para escolher a seleção de que mais gostam. Várias gravações são feitas, e Bishop escolhe aquelas que considera as melhores para a versão final do disco.

Embora a consultora em poesia tenha nascido em Worcester, estudado na Walnut Hill School em Brookline e sua tia, a senhora Florence Bishop, more na Avenida Commonwealth, Bishop passou a maior parte de sua vida adulta entre Nova York, Paris, Marrocos e Key West, na Flórida.

É a primeira vez que mora em Washington, e a única coisa de que não gosta é o trânsito intenso e a música tocada nos carros. Para ela, trata-se de uma violação da liberdade pessoal, o que a levou a ir de táxi para o trabalho para manter sua paz de espírito.

Graduada pela Vassar College em 1934, ela começou a escrever poesia quando cursava o último ano. Seu trabalho recebeu grande reconhecimento depois da publicação do poema "Roosters" [Galos] em uma edição especial sobre poesia da revista norte-americana *The New Republic*.

Em 1947 ela ganhou uma Bolsa Guggenheim de criação literária. Tanto seus poemas quanto sua prosa apareciam frequentemente em periódicos como *The New Yorker, The Nation, Partisan Review, Harper's Bazaar*, entre outros. Muitos de seus poemas foram gravados em disco em Harvard, pela Victor Company, assim como na Biblioteca do Congresso, e foram incluídos no livro *A Little Treasury of Modern Poetry* (Scribner's, 1946). Seu trabalho também foi publicado no *Best Short Stories of 1948*.

Com um passado tão esplêndido, poderíamos pensar que Bishop seria uma pessoa exuberante e satisfeita, mas não: "Jamais me sinto satisfeita quando termino algo", admitiu. "Sempre acho que há como melhorar. Na verdade, não gosto muito do que escrevo!"

Essa mulher brilhante mas modesta, usa dois métodos de trabalho. Um é escolher uma ideia e escrever um poema sobre ela. O outro é escolher uma expressão sem nenhuma ideia por trás e desenvolvê-la. E ela usa os dois muito bem.

A Cadeira de Poesia, criada em 1936, é mantida com uma doação do nova-iorquino Archer M. Huntington. Bishop sucedeu Leonie Adams. Allen Tate, Robert Penn Warren, Louise Bogan, Karl Shapiro e Robert Lowell estão entre os poetas famosos que ocuparam a Cadeira de Poesia.

Bishop ocupará a cadeira por um ano. Depois de findo seu termo, ela continuará fazendo parte do grupo de membros exclusivos. ■

# *Está residindo em Petrópolis a laureada com o Prêmio Pulitzer*

**Autoria não identificada, 1956**

*O Globo*,
11 de maio de 1956, p. 7.

Elizabeth Bishop recebeu de *O Globo* a notícia da sua consagração internacional – O prêmio representa pequena fortuna – O encontro do repórter com a autora de "Lullaby" – Escreve desde os cinco anos de idade e não sabe quando regressará ao seu país.

Foi a poesia que levou Elizabeth Bishop até aquele recanto bucólico de Petrópolis, nos confins da Samambaia, cujo cenário esplêndido encerra a serenidade, a profundidade e a doçura que são as características do que ela tem exprimido, até hoje, nos seus versos.

A poeta norte-americana, agora laureada com o Prêmio Pulitzer, possui, a despeito dos cabelos grisalhos, uma fisionomia moça, na qual exibe um sorriso ameno e tímido de criança, e uns olhos cuja cor indefinida parece refletir, ora o verde da paisagem, ora o azul sereno do céu que a cobre. Ela é natural do Massachusetts, conta 44 anos de idade e, conforme nos declarou, sentiu inspiração pela literatura desde que aprendeu a ler, com cinco anos apenas. É solteira por convicção, talvez porque o seu potencial afetivo imenso ela não o pudesse dedicar a um só homem. Doou-o a todos. Gosta das coisas simples, adora a horticultura e a jardinagem, e sabe cozinhar, inclusive uma boa feijoada.

## "Gente doce e boa"

Há cerca de quatro anos, Elizabeth Bishop iniciou uma viagem através das Américas, mas interrompeu-a no Brasil, onde veio a reencontrar a sua velha amiga Carlota de Macedo Soares, que conhecera dez anos antes, nos Estados Unidos. Ela sentiu que tudo aqui lhe falava à alma, e a afinidade emocional com a viva e inteligente "Dona Lotinha" foi o argumento final que a fez eleger o nosso país para fixar residência. A resposta que nos deu quando lhe perguntamos a razão pela qual fizera do Brasil a sua segunda pátria foi singela e concisa como ela sabe ser:

– Porque a natureza é doce e bela, e doce e boa é a sua gente.

E "flying as high as they wait", para imitarmos a expressão de um dos seus versos, ela acabou naquele alto aprazível da Samambaia, onde tudo se coaduna com o seu amor pelos animais (ela tem um gato "caboclo" que faz inveja, pelo porte e beleza, a quanto angorá por ali aparece, e um vistoso tucano), pelas flores, pelas crianças. A propósito de crianças, ela escreveu um lindo poema, "Squatter's Children" (para o qual Lúcia Miguel Pereira sugeriu o título brasileiro de "Filhos de Favelados"), publicado na revista *Anhambi*, e que é um exemplo eloquente de como se acha integrada nos problemas humanos.

## Surpreendida com o prêmio

– Todo bom escritor acentuou ela a certa altura da nossa entrevista – deve inteirar-se dos problemas sociais do seu tempo, e toda boa poesia reflete, de uma maneira ou de outra, esses problemas.

Interrogada sobre como recebeu a notícia que lhe transmitiu *O Globo*, a respeito da conquista do Prêmio Pulitzer, respondeu a poeta:

– Foi uma grande surpresa. – E como indagássemos se de fato nunca esperava ser alvo dessa honraria, acrescentou:

– Todos os poetas norte-americanos *esperam*, é natural, conquistá-la, porém, para mim, foi realmente uma surpresa.

Aliás, Elizabeth Bishop obteve, até hoje, essa respeitável série de prêmios, bolsas e outras distinções: Bolsa do Prêmio de Poesia Houghton Mifflin, 1945; Bolsa Guggenheim, 1947; Prêmio da Academia Americana de Artes e Letras, Biblioteca do Congresso, 1949-1950; Bolsa Lucy Martin Donnelly, Bryn Mawr College, 1951; Prêmio

Shelley Memorial, 1952; Bolsa de Poesia da *Partisan Review*, 1956. Em 1954, foi eleita membro do American Institute of Arts and Letters.

## Escreve desde criança

No tocante ao início de sua carreira literária, disse-nos que escreve desde os tempos de criança, quando colaborou em publicações escolares, assim continuando na adolescência.

As suas obras poéticas foram publicadas pela primeira vez faz dez anos, sob o título *North & South*, graças à vitória por ela alcançada sobre oitocentos candidatos à Bolsa do Prêmio de Poesia Houghton Mifflin.

Agora, em 1955, reeditaram-se os versos de *North & South* reunidos em uma nova coletânea – *Cold Spring* – tudo enfeixado em volume intitulado *Poems*. No ano vindouro, *Poems* será editado na Inglaterra.

Elizabeth Bishop não se filia a nenhuma escola e não tem preferência especial por tema algum. É uma poeta sem preconceitos, que faz poesia sobre lugares, gente, animais e coisas, como ela própria faz questão de sublinhar. Há, na sua obra, lirismo, romantismo e realismo, tudo fundido em uma maneira muito própria de versejar.

A poeta norte-americana vem de concluir a tradução, para o inglês, de *Minha vida de menina*, de autoria de Helena Morley (que outra não é senão a senhora Mário Brant), tradução que será lançada, simultaneamente, na Inglaterra e nos Estados Unidos. Está traduzindo ainda uma obra sobre Arquitetura, do arquiteto brasileiro Enrique Mindlin.

## Os seus preferidos

Assim como Gide preferia Victor Hugo, Elizabeth Bishop destaca Walt Whitman entre os poetas contemporâneos. No passado, Chaucer e Shakespeare, sem esquecer Eurípides, Aristófanes, Virgílio, Dante e Camões. Entre as obras em prosa, realça a *Bíblia* e *D. Quixote*, que Irving chamou de "a Bíblia profana". E dos modernos Mark Twain, Hawthorne, Melville, Henry James, além de Hemingway das "short stories".

## A literatura brasileira

– Dos poetas brasileiros que já tive oportunidade de ler prefiro Manuel Bandeira (que já traduziu um dos seus poemas), Carlos

Drummond de Andrade, João Cabral de Melo Neto. Na prosa, conheço Machado de Assis, Euclides da Cunha, Gilberto Freire, Otávio Tarquínio de Sousa, Lúcia Miguel Pereira e Raquel de Queirós. E espero ler muito mais.

Desde que se encontra no nosso país, ela escreveu "Squatter's Children" e "Manoelzinho", entre outras poesias.

### "Quando é que ela vem visitar-nos de novo?"

Dentre os brasileiros que mais admiram a poeta estadunidense, figura Portinari, a quem Elizabeth Bishop dedica igualmente especial admiração.

– Portinari não fala inglês, nem Elizabeth o português, porém eles se entendem, porque a arte é uma linguagem universal – observou, com muito espírito, "Dona Lotinha". – E o grande pintor me pergunta sempre: "Quando é que ela vem visitar-nos de novo?"

Dona Carlota de Macedo Soares, que hospeda a "brasileira adotiva", é filha do nosso confrade J. E. de Macedo Soares, diretor do *Diário Carioca.*

Elizabeth Bishop declarou-nos, por fim, que transcorridos esses quatro anos de permanência no Brasil, não faz nenhuma ideia de quando pretende voltar aos Estados Unidos.

E depois de se despedir de *O Globo*, a autora de "Lullaby" encaminhou-se para o seu estúdio, situado um pouco distante da bela e moderníssima residência da Samambaia, em pleno meio da vegetação, onde ela, sem dúvida, consegue viver a atmosfera de sonho e repouso de que nos fala nos seus versos.

Enquanto regressávamos, já noite, sob uma chuvinha impertinente que teima em fazer-nos esquecer que é quase inverno, íamos recordando aquilo que já se disse da inspirada poeta, conhecida de um público reduzido, mesmo na sua terra natal: serena, profunda, discreta, doce, sutil, fina, espontânea, Elizabeth exige um leitor assim para entender a sua mensagem emocional, em que nada se encontra de supérfluo. ■

# *Sem piadas em português*

**Edward Lucie-Smith, 1964**

*London Times*,
26 de julho de 1964, p. 36.

*Tradução*
Carolina Barcellos

Elizabeth Bishop é uma poeta norte-americana de muita distinção (seus *Poemas escolhidos* foram publicados em Londres pela Chatto & Windus). Ela está visitando a Inglaterra pela primeira vez depois da guerra – voz doce, imaculada, impassível: alegremente distinta. Talvez seja compreensível que o único tópico sobre o qual ela parece ter alguma cautela é o recente livro de Mary McCarthy, *O grupo*. Como todo mundo sabe, *O grupo* trata das moças de Vassar – e além de Elizabeth ser uma grande amiga de Mary, as duas estudaram juntas em Vassar.

"Mary sempre faz alguma menção a mim na orelha de seus livros", diz Elizabeth com um leve ar de questionamento. Simultaneamente, ela confessa que está agradecida por "não ser uma das personagens" desse romance em particular. Mas permanece uma fiel defensora da exatidão do livro, em seus menores detalhes – "eu mesma provei algumas dessas receitas" – e teme que seu humor essencial não tenha sido captado pelos críticos. "Mary", diz Elizabeth, "é a primeira mulher que fez graça com o sexo desse jeito".

Esta última observação pode dar uma ideia das surpresas contidas nessa conversa com Elizabeth Bishop – que vão de considerações gerais sobre literatura, mulheres que escrevem poesia (ela acha que "são desencorajadas desde muito jovens") até poesia norte-americana moderna, que ela não nega ser diferente da poesia que está sendo produzida na Inglaterra. Na verdade, ela admite que isso se deve ao fato de que a escrita nos Estados Unidos tem sido "tanto estimulada quanto desacelerada" pelos trabalhos acadêmicos realizados pela maioria de seus poetas. Ela acredita que seus colegas norte-americanos têm uma diversidade maior que a dos ingleses, tendem deliberadamente ao experimental e são mais intelectuais em sua abordagem. E confessa que acha a poesia norte-americana "mais surpreendente". Amiga próxima e grande admiradora do trabalho de Robert Lowell ("nós pescamos juntos"), ela parece atordoada pela quase canonização do trabalho dele na Inglaterra.

Como poeta, ela acha que o essencial é "ter a mente aberta, deixar as coisas acontecerem, agarrar-se a alguma coisa que flutua aleatoriamente no ar. Se você está preparada para isso, tudo parece ser poesia". Ela mora no Brasil há 13 anos e admite que o caráter exótico de seu entorno dificultou seu trabalho de escritora. "É muito fácil escrever poesia descritiva", ela diz. "Quero evitar o pitoresco, escrever algo mais abstrato".

Com relação aos escritores ingleses, ela se mostra um tanto desinteressada. "Eles têm uma indiferença e frivolidade às custas do entusiasmo. Gosto de fanáticos – pessoas que vão longe mesmo". Ainda assim, o trabalho de Philip Larkin a agrada, porque "tudo que ele escreve é tão terrível". Surpreendentemente, sua maior admiração é por William Empson, em especial por seu recente livro de críticas, o muito discutido *Milton's God*. Ela fala sobre a prosa de Empson: "Ligeiramente estranha, mas muito característica. Meia frase e você já pode dizer que é trabalho dele". O livro em si, ela acha que é "triste, mas brilhante" – e podemos dizer que "triste" é um elogio de alto valor para ela.

Perguntada sobre uma possível simpatia pelas atitudes de Empson, ela passa repentinamente a falar sobre seu "horror constante a respeito do grau de civilidade a que chegamos. Nós nos cumprimentamos muito falsamente por termos feito grandes coisas que na verdade não são tão grandes assim". A partir daí, é um passo fácil e paradoxal para uma de suas grandes admirações entre os escritores do passado – Charles Darwin. Dele, ela menciona *Formação de recifes de corais*: "Se quiser ler um livro lindo, leia esse".

E sobre a Inglaterra, ela diz piscando o olho: "Eles xingam bastante a gente... E estou sofrendo com uma crise de abstinência de cafeína. Não bebi uma xícara do que eu chamaria de café desde que cheguei aqui. Mesmo assim, é bom não ter que contar minhas piadas em português. Mas então só pensei em uma coisa engraçada desde que cheguei aqui: que estar na Inglaterra é como ver o filme quando você já leu o livro". ■

# *Elizabeth Bishop: a poeta, o caju e o Micuçu*

**Léo Gilson Ribeiro, 1964**

*Correio da Manhã,*
13 de dezembro de 1964, p. 6.

A notícia do *New York Times* especificava que a poeta norte-americana Elizabeth Bishop, que acabara de receber o prêmio de poesia da Academy of American Poets, mora no Rio de Janeiro, ao passo que o *Sunday Times* de Londres se referia ao "ambiente exótico" que escolhera para residência permanente. Na realidade Elizabeth Bishop mora numa fazenda perto de Petrópolis, projetada por Sérgio Bernardes, e o apartamento no Leme onde fomos encontrá-la pertence a sua amiga, Lota de Macedo Soares, que há muitos anos despertou seu interesse pelo Brasil, no Museu de Arte Moderna, em Nova York.

A poeta nos recebe circundada de figuras pitorescas e bonitas do "bumba-meu-boi" que comprara na Feira da Providência e que preparava para subir a serra com ela em caixas grandes, capazes de contê-las. Numa versão mais delicada de *O homem que veio para o jantar*, Bishop chegou ao Rio há treze anos... e ficou desde então entre nós. "Tudo começou quando experimentei um caju, fruta tropical que achei muito curiosa. Sofri uma violenta alergia ao sumo ácido, a ponto de perder o navio que me levava numa viagem pelo litoral da América do Sul.

Depois, os brasileiros foram todos tão bondosos e simpáticos comigo, que fui ficando... até hoje", ela esclarece sorrindo.

Sabemos que sua obra poética tem sido distinguida com reconhecimentos de significação como o Prêmio Pulitzer, além de *fellowships* da *Partisan Review*, da Fundação Guggenheim e outras. Indagamos se o afastamento voluntário de uma comunidade de língua inglesa não lhe cria dificuldades na elaboração de sua poesia, circundada que está agora por uma língua que lhe é estrangeira. "Bem, falo muito inglês mesmo aqui no Brasil, além do que de vez em quando vou aos Estados Unidos". Pressente-se que Elizabeth Bishop independe, para sua inspiração, de seu ambiente; como ela declara em Londres: "É muito fácil escrever poesia meramente descritiva, mas quero justamente evitar o elemento 'pitoresco' e prefiro escrever alguma coisa mais abstrata". Mas, evidentemente, alguns temas brasileiros permeiam seus poemas. Há duas semanas, a revista *New Yorker* – que revelou Salinger, Baldwin, Carson McCullers e outros – publicou sua belíssima balada dedicada a Micuçu, morto no morro da Babilônia, e que foi julgada pelo maior poeta americano vivo, Robert Lowell (seu amigo há mais de vinte anos) como "uma das maiores baladas em língua inglesa e, é estranho, nos revela muito mais a respeito do Brasil do que o livro sobre este país que ela escreveu para a *Life*..."*. Na balada escrita com certos termos arcaicos e com uma melancolia indizível no seu "andante" majestoso, ela fala das favelas, das "verdes colinas do Rio", povoadas pelos pobres que não podem mais voltar para casa e constroem seus ninhos ou em casas com nada, com ar e que uma brisa parece poder derrubar, nos morros chamados Querosene, Esqueleto, Catacumba e Babilônia. Na sua estrutura, ela introduziu frases de jornais e um pouco da "literatura de cordel" nordestina que aprecia tanto. No seu próximo livro, *Questões de viagem*, essa apaixonada viajante, que conhece já três quartos do mundo, agrupa uma série de poemas inspirados no nosso país.

Elizabeth Bishop considera Robert Lowell e Marianne Moore (esta foi sua colega de colégio e é uma de suas melhores amigas) os mais importantes poetas dos Estados Unidos deste século. Até T. S. Eliot concordaria com esse juízo", explica, acrescentando: Marianne

* Referência à coleção de livros publicada pela revista norte-americana *Life* em que cada volume era dedicado a um país ou região. Bishop escreveu o volume dedicado ao Brasil. (N.E.)

Moore não é fundamental somente por ter publicado poetas de grande densidade como Hart Crane na sua esplêndida revista de poesia, *The Dial*. É difícil definir a sua contribuição, tão decisiva me parece, mas estou certa de que é a poeta mais original, a que trouxe uma brilhante precisão de linguagem através de uma conservação poética meticulosa. Seu estilo personalíssimo está influenciando atualmente os poetas jovens dos Estados Unidos. Ela conseguiu introduzir uma grande variedade de motivos poéticos, mantendo as ancestrais virtudes "antiquadas" da cultura americana – como a ironia, o senso de humor sutil, o *understatement* – mantendo-se ao mesmo tempo na vanguarda criadora da poesia em língua inglesa.

Interessada em divulgar no estrangeiro os poetas brasileiros, Elizabeth Bishop traduziu há pouco, para os livros de bolso da Penguin, na Inglaterra, uma série representativa do Brasil, a ser inserida no volume dedicado à poesia latino-americana que será publicado em março. Os poetas selecionados incluem Carlos Drummond de Andrade e João Cabral de Melo Neto. Ela é de opinião que tanto nos Estados Unidos quanto na Grã-Bretanha o interesse pela literatura brasileira, pelo nosso teatro, arquitetura, etc., tenha aumentado consideravelmente. "Aliás, não era preciso muito para aumentar, porque a ignorância sobre coisas brasileiras era quase absoluta, ao passo que agora se publicam livros, as universidades criam cátedras de estudos brasileiros – a situação está mudando". Já o homem de teatro inglês George Devine, na entrevista que nos concedeu para o *Correio da Manhã*, durante sua passagem pelo Rio no ano passado, acusava o Brasil de não fazer propaganda cultural suficiente, afirmando que as embaixadas, os consulados e representações nossas em Londres poderiam divulgar muito mais tudo o que temos de positivo para oferecer. Bishop é demasiado educada para fazer uma acusação tão frontal, mas concorda em que uma troca mais intensa de estudantes, professores, críticos e artistas beneficiaria muito o conhecimento mútuo do Brasil e dos Estados Unidos, desfazendo "clichês" falsos que um país possa ter do outro.

E que sensação tem de viver no Brasil tanto tempo? O Brasil mudou muito nesse período? – queremos saber. "Um dos aspectos que se nota imediatamente ao chegar ao Brasil é o da democracia racial. Sente-se como que um alívio pela ausência de tensões, de conflitos entre as raças. Acredito que no meu país essa situação grave será solucionada pacificamente, de forma a permitir que as raças convivam civilizadamente lado a lado. Creio que nos últimos cinco, seis anos, o progresso no sentido dessa compreensão foi maior do que nos cem anos anteriores. Pessoalmente, acho que as maiores contribuições americanas ao mundo no setor artístico nos vieram justamente através dos negros, com o jazz e o blues. Além disso, adoro a maneira sem pressa de viver dos brasileiros, como eles são humanos, compreensivos, animados! Se o Brasil mudou? Em coisas essenciais, felizmente, acho que não, mas há coisas que irritam, como por exemplo, o crescimento luxuriante de cartazes horrorosos mutilando a paisagem belíssima do Brasil, por exemplo, na estrada Rio-Petrópolis: é um crime, believe me! Mas um crime maior ainda é o de porem abaixo, no Rio, em Minas, em tantos lugares, edifícios veneráveis, belíssimos, de épocas passadas e que contêm tesouros históricos e artísticos. Não haverá forma de deter essa destruição de todo um patrimônio nacional? Repito que me parece um crime contra a natureza, contra a história, contra Deus até!" (O que diria Bishop se soubesse que um prefeito da maravilhosa Salvador da Bahia mandou demolir a mais antiga catedral construída no Brasil para dar lugar a uma estação para bondes e ônibus?).

Por último, a poeta nos fala de seus primeiros contatos com a poesia e principalmente da sua infância na Nova Inglaterra e na Nova Escócia. "Sou de origem meio canadense, meio americana, da Nova Inglaterra. É engraçado: meus antepassados pertenciam, antes da Revolução Americana, a partidos opostos. Enquanto a família de meu pai era a favor dos ingleses e do rei George III, a família de minha mãe era *whig* (liberais) combatendo vivamente os *tories* (conservadores) que não queriam a separação da Coroa britânica. Lembro-me de uma infância passada numa cidadezinha que era, a bem dizer, uma aldeia mesmo. Levávamos uma vida retirada, dedicada inteiramente à família, mamãe fazia manteiga em casa, eu quando menina levava as vacas pro pasto... Quando traduzi para o inglês o *Minha vida de menina*, que descreve sua infância em Diamantina, achei que havia muita semelhança entre os ambientes que ela descreve e o da minha meninice. A vida, nesse meio tempo, mudou muito..." ela reflete, contemplando a curva da praia de Copacabana ensolarada. Depois, por um instante seu olhar fixa o morro detrás dos edifícios modernos em que um bandido jovem, uma vítima de circunstâncias sociais, foi morto a tiros pela polícia, e parece que a melodia da sua balada para Micuçu, que agora surge entre os edifícios de ferro e aço de Manhattan, impregna levemente a atmosfera da tarde que termina:

Nos morros verdes do Rio
Há uma mancha a se espalhar:
São os pobres que vêm pro Rio
E não têm como voltar.

São milhares, são milhões,
São aves de arribação,
Que constroem ninhos frágeis
De madeira e papelão.

Parecem tão leves que um sopro
Os faria desabar
Porém grudam feito líquens
Sempre a se multiplicar,

Pois cada vez vem mais gente.
Tem o morro da Macumba,
Tem o morro da Galinha,
E o morro da Catacumba;

Tem o morro do Querosene,
O Esqueleto, o do Noronha,
Tem o morro do Pasmado
E o morro da Babilônia.* ■

---

* BISHOP, Elizabeth. *Poemas escolhidos.* Trad. Paulo Henriques Britto. São Paulo: Companhia das Letras, 2012. p. 265. — On the fair green hills of Rio / There grows a fearful stain: / The poor who come to Rio / And can't go home again. // On the hills a million people, / A million sparrows, nest, / Like a confused migration / That's had to light and rest, // Building its nests, or houses, / Out of nothing at all, or air. / You'd think a breath would end them, / They perch so lightly there. // But they cling and spread like lichen, / And people come and come. / There's one hill called the Chicken, / And one called Catacomb; // There's the hill of Kerosene, / And the hill of Skeleton, / The hill of Astonishment, / And the hill of Babylon.

# *Uma entrevista com Elizabeth Bishop*

**Ashley Brown, 1966**

*Shenandoah,*
n. 17 (inverno de 1966), p. 3-19.

*Tradução*
Carolina Barcellos

Brasil: O local de trabalho de Elizabeth Bishop é uma pequena casa, situada no topo de uma colina junto a sua residência nas montanhas de Petrópolis – a antiga cidade de veraneio da família imperial. O escritório está encarapitado sobre uma cachoeira. Da janela, pode-se ver um amontoado de bambus que descem até uma piscina pequenininha, descanso passageiro das águas em cascata. O lugar é repleto de livros, poltronas confortáveis e pilhas de periódicos literários desatualizados. Um delicado oratório proveniente de Minas Gerais e outros objetos diversos enfeitam as prateleiras de livros. Um visitante versado nas artes literárias reconhecerá fotografias de Baudelaire, Marianne Moore e Robert Lowell próximo a sua escrivaninha. Tobias, um gato de idade avançada, e Suzuki, seu companheiro siamês mais jovem, se afastam da máquina de escrever, relutantes.

**Ashley Brown:** Acho que você tem um dos cenários mais lindos do mundo. Que poeta poderia pedir mais que isso? Você acha que uma vista deslumbrante como esta é um incentivo para escrever ou prefere se afastar de distrações quando está trabalhando?

**Elizabeth Bishop:** Repare que o escritório está de costas para as montanhas. Elas distraem qualquer um! Mas posso olhar para o que está aqui dentro. As folhas dos bambus estão muito perto. Todos que vêm aqui me perguntam sobre a vista: "É muito inspirador?"

Acho que vou colocar uma plaquinha naqueles bambus dizendo: “Inspiração”! Suponho que qualquer escritor prefira um quarto de hotel despido de distrações.

**AB:** Você mora no Brasil aproximadamente desde 1952, não é?

**EB:** Isso. Era final de novembro, 1951, quando vim para cá. Você se lembra do meu poema “Chegada em Santos”.

**AB:** No que concerne a sua poesia, você conseguiu obter alguma coisa do Brasil que supere as aparências? Quero dizer, consegue valer-se de aspectos sociais e tradições literárias daqui?

**EB:** Viver da forma que vivo aqui, conhecendo brasileiros, fez muita diferença. A vida que levo, em geral, teve um impacto sobre mim. Acho que aprendi muito. A maioria das ideias do grupo “New York Intellectuals” sobre os “países subdesenvolvidos” está parcialmente errada. Além disso, viver entre pessoas de uma cultura completamente diferente mudou muitas das minhas velhas ideias estereotipadas.

Já com relação ao meio literário brasileiro, ele é distante demais do nosso. No Rio, por exemplo, a influência francesa ainda é poderosa. Acho a poesia muito interessante, mas não tem muito a ver com a poesia contemporânea em inglês. Nossa poesia tomou outro caminho, muito mais cedo.

**AB:** O que você quer dizer com “nossa poesia tomou outro caminho”?

**EB:** O que aconteceu com Eliot e Pound lá pelos idos de 1910: o Modernismo. A poesia brasileira ainda é mais formal que a nossa. Está mais longe do popular. É verdade, obviamente, que tiveram o movimento modernista em 1922, liderado por Mário de Andrade e outros. Mas ainda não escrevem do mesmo jeito que falam. Acredito que nunca escaparam muito bem do romantismo. É um fato interessante que não haja palavra em português para *understatement*. A poesia de Marianne Moore é quase toda escrita nessa forma atenuada de dizer as coisas. Como podem nos entender? Boa parte da tradição anglo-americana consiste nisso. Os brasileiros têm ironia, mas não as características do *understatement*.

A propósito, há vinte anos, morei no México por um tempo e conheci Pablo Neruda lá. Acho que fui influenciada por ele até certo ponto – como no meu “Convite à Marianne Moore” –, mas ele ainda é um poeta “avançado” se comparado a outros poetas sul-americanos.

Para resumir: acabei vindo para cá e certamente sou influenciada pelo Brasil. No entanto sou, por completo, uma poeta norte-americana.

**AB:** E a respeito da língua portuguesa? Você acha que ler, falar (e estar cercada por ela) aumentou sua consciência do inglês?

**EB:** Eu não tenho o costume de ler em português – apenas jornais e alguns livros. Depois de todos esses anos, sou como um cachorro. Compreendo tudo o que me dizem, mas não me comunico muito bem. Não acredito particularmente que minha consciência acerca do inglês tenha aumentado. Eu me senti da mesma forma quando vivi na França antes da guerra. O que eu gosto mesmo é de silêncio! Aqui em cima, nas montanhas de Petrópolis, é muito silencioso.

**AB:** Como você descreveria o português enquanto língua poética?

**EB:** Do *nosso* ponto de vista, parece solto demais – não se pode usar o discurso coloquial dessa maneira. Gramaticalmente, é uma língua muito difícil. Até mesmo brasileiros com boa formação escolar se preocupam ao escrever em sua própria língua. Eles não falam usando a própria gramática, na verdade. Imagino que seja mais fácil escrever versos livres em português – porque você foge do problema. Eles optaram pelos versos livres rapidamente por aqui.

**AB:** Agora, se me permite, gostaria de voltar aos Estados Unidos e à sua infância. Você viveu na Nova Escócia quando era bem pequena, não foi? Você cresceu no tipo de casa que encoraja os filhos a ler? Ou seu interesse pela literatura veio mais tarde?

**EB:** Não passei toda minha infância na Nova Escócia. Vivi lá durante a Primeira Guerra Mundial, de 1914 a 1917. Depois disso, passei longos verões lá até completar treze anos de idade. Desde então, fiz apenas visitas esporádicas. Minha família não era nem um pouco dada à literatura. Mas na casa da minha tia, havia uns bons livros – e eu me aproveitei muito disso. De alguma forma, a cidadezinha onde vivi no Canadá era mais refinada culturalmente que o subúrbio de Boston para onde me mudei mais tarde. E quanto aos livros em nossa casa, tínhamos Emerson, Carlyle, todos os poetas antigos. Eu aprendi a ler muito cedo e mais adiante passei a gastar toda a minha mesada em livros. Eram tudo que eu queria comprar.

**AB:** Quais eram seus livros favoritos? Alguma coisa que você leu naqueles tempos a impressionou de verdade?

**EB:** Eu era apaixonada por contos de fada – Andersen, Grimm, etc. Assim como Jean-Paul Sartre – e ele explica isso em *As palavras* –, eu também lia muitas coisas que não entendia. Experimentei quase tudo. Quando tinha treze anos, descobri Whitman e isso foi importante para mim naquela época. No mesmo período comecei a viajar para acampamentos de férias no verão e conheci algumas meninas mais sofisticadas que já liam Emily Dickinson, H. D., Conrad e Henry James. Uma delas me deu de presente a antologia dos poetas modernos de Harriet Monroe. Foi uma experiência importante. (Na verdade, eu tinha começado a ler poesia aos oito anos.) Eu me lembro, por exemplo, de ter lido citações de Hopkins, "A grandeza de Deus", em Harriet Monroe. Memorizei rapidamente e pensei: "Preciso ter a obra desse homem". Em 1927, vi a primeira edição de Hopkins. Eu também tive uma fase Shelley, uma fase Browning e uma sucinta fase Swinburne. Mas faltei muito à escola, e minhas leituras eram esporádicas.

**AB:** Você escreveu alguma coisa antes de ir para Vassar? Eu me lembro que você mencionou ter tido professores excepcionais na Walnut Hill School, em Natick.

**EB:** Escrevi bastante, na verdade, comecei aos oito anos. Aos doze, ganhei um prêmio da Legião Americana (uma moeda de ouro de cinco dólares) por um ensaio sobre o "americanismo". Esse foi o começo da minha carreira. Não tenho ideia do que eu possa ter dito sobre *esse* assunto! Eu fazia parte da revista literária da escola e publiquei alguns poemas lá. Na Walnut Hill, tive uma professora de latim muito boa e também uma professora de inglês muito boa. O ensino era de qualidade. Só estudei latim naquela época. Foi só em Vassar que comecei a estudar grego. Hoje em dia, penso que deveria ter estudado só latim e grego na faculdade. Na verdade, acho que minha educação formal não foi boa. Escrever em latim, em verso e prosa, é provavelmente o melhor exercício possível para um poeta.

**AB:** Você fez parte do que acabou sendo uma geração literária brilhante de *Vassar* – Mary McCarthy, Eleanor Clark, Muriel Rukeyser, e você mesma. Os seus amigos estabeleceram um padrão crítico alto já naquela época?

**EB:** Bem, eu fui amiga mesmo apenas de Mary. Eleanor era minha amiga também, mas ela ficou dois anos longe, e Muriel esteve em Vassar por apenas um ano. Sim, elas, nós éramos extremamente críticas naquela época. A revista que fundamos foi um acontecimento importante para nós. Mary falou sobre isso recentemente. E pelo que me lembro, aconteceu assim: a revista literária já estabelecida era entediante e antiquada. Eu, Mary, Eleonor e várias colegas decidimos criar outra para concorrer com ela. Era para ter sido uma coisa anônima. Nós nos encontrávamos em um bar – que vendia bebidas sem autorização – para beber um vinho tinto horroroso e ficar um pouco "altinhas". (Um tempo depois, a médica da universidade analisou o vinho e constatou que o teor alcóolico era de 50%, foi o que ela disse, mas eu não acredito.) Nós demos o nome de *Con Spirito* para a revista. Conseguimos publicar só três números, eu acho, mas nos demos bem. Publiquei vários poemas e contos na *Con Spirito*. Na mesma época, T. S. Eliot esteve em Vassar. Fui selecionada para entrevistá-lo e fiquei completamente aterrorizada. Mas ele foi muito gentil, e mais tarde nos elogiou dizendo ter gostado de algumas das coisas publicadas em nossa revista.

**AB:** Naquele tempo, você pensava em se tornar poeta ou romancista?

**EB:** Nunca *pensei* muito sobre isso, mas acho que só estava interessada em ser poeta.

**AB:** Você cresceu na década marxista de 1930. Você acha que essa experiência política radical foi valiosa para os escritores? Ou pensar em termos políticos tão restritos prejudicou a percepção das pessoas?

**EB:** Sempre me opus a um pensamento político nesses termos para escritores. Que bons textos foram produzidos naquele período? Talvez uns poucos bons poemas. Kenneth Fearing escreveu alguns. Uma boa quantidade dos trabalhos me parecia muito falsa. Politicamente, eu me considero socialista, mas não gosto da escrita "socialmente consciente". Defendi T. S. Eliot quando todo mundo só sabia falar em James T. Farrell. A atmosfera em Vassar era de esquerda, é o que era popular. As pessoas estavam sempre me chamando para protestos, ou depois para ler poemas em algum dos John Reed Clubs. Parecia que a maioria das moças da faculdade não tinha muito conhecimento sobre condições sociais.

Eu estava bastante ciente da Grande Depressão – parte da minha família tinha sido realmente afetada. Afinal, qualquer um que tivesse ido a Nova York e passado pela linha elevada do trem teria visto que algo estava errado. Mas eu morei com pessoas pobres e vivenciei um pouco de pobreza. Mais ou menos nessa época, fiz um passeio até Newfoundland e vi pobreza ainda maior lá. Eu era extremamente a favor do socialismo até ouvir Norman Thomas falar. Ele era *tão* chato. Então tentei o anarquismo por um breve período. Eu me interesso muito mais pela política e por problemas sociais hoje em dia do que me interessava nos anos 1930.

**AB:** Quais poetas você conheceu quando começou a viajar pelo mundo? Acredito que você conhece Marianne Moore há muitos anos.

**EB:** Conheci Marianne Moore em 1934, no meu último ano de faculdade, através de Fanny Borden, bibliotecária em Vassar e velha amiga da família Moore. (Eu tinha lido alguns de seus poemas em antologias.) Perguntei a Fanny por que ela não tinha o livro *Observations* na biblioteca da faculdade e ela me perguntou "Você gosta de Marianne Moore? Eu a conheço desde que era criança!" Não muito tempo depois, Fanny me apresentou a Marianne.

Quando eu era adolescente, a *Hound and Horn* fez um concurso para estudantes. Eu mandei um conto e um poema e ganhei menção honrosa nos dois. Também foi publicado um conto e um poema meus na revista *The Magazine*, dirigida por Howard Baker e sua mulher. Um amigo dele, Yvor Winters, me escreveu. Acho que ele queria me ajudar, mas não deu em nada. Ele me apresentou a um ex-aluno dele, Don Stanford, que estudava em Harvard na época.

**AB:** Você foi de alguma forma influenciada por Auden nos anos 1930?

**EB:** Ah, mas é claro! Comecei a lê-lo ainda na faculdade. Eu comprava os livros dele à medida que eram publicados e os lia sem parar. Mas ele não afetou minha prática poética. Acho que Wallace Stevens foi o contemporâneo que mais influenciou a minha escrita. Eu também peguei mais coisas do Hopkins e dos poetas metafísicos que de Stevens ou Hart Crane. E sempre admirei Herbert.

**AB:** Do que você gosta particularmente em George Herbert?

**EB:** Para começar, eu gosto da absoluta naturalidade de tom. Coleridge já falou sobre isso, você se lembra? E alguns dos poemas de Herbert me parecem quase surrealistas. "Love Unknown", por exemplo. (Eu estava muito interessada no surrealismo nos anos 1930.) Eu também gosto de Donne, é claro, os poemas de amor em especial, e Crashaw. Mas me pego relendo Herbert com frequência.

**AB:** Você deve algum de seus poemas a Herbert?

**EB:** Acho que sim. "A erva" é, de alguma forma, inspirado em "Love Unknown". Há provavelmente outros.

**AB:** Você tem algum comentário a fazer sobre a poesia religiosa dos anos 1940? Estou me referindo especialmente aos longos poemas de Eliot e Auden, também a livros como *The Winter Sea*, de Tate, e *Lord Weary's Castle*, de Lowell. Naquela época parecia que íamos em direção a algo inesperado, um período brilhante de poesia cristã. Mas isso não perdurou, não é mesmo?

**EB:** Quanto a Eliot e Auden, acho Eliot muito mais fácil de entender. Ele constrói os "Quatro quartetos" em um longo processo. Eliot não é muito dogmático, não em sua poesia (a prosa é outra história). Para mim, o didatismo de Auden prejudica sua poesia tardia. Eu não gosto da religiosidade moderna, em geral. Parece sempre carregar um tom de superioridade moral. É claro que tenho a maior das admirações por Auden como poeta. Já em relação à poesia religiosa ou esse assunto em geral, bem, os tempos mudaram desde Herbert. Eu não sou religiosa, mas leio Herbert e Hopkins com grande prazer.

**AB:** Você acredita ser necessário que um poeta tenha um "mito" – cristão ou outro – que sustente seu trabalho?

**EB:** Tudo depende – alguns poetas sim, outros não. Você precisa ter algo que o sustente, mas talvez não precise ter consciência disso. Veja Robert Lowell. Ele continuou escrevendo poesia boa mesmo depois de ter deixado a Igreja. Veja Paul Klee. Ele pintava dezesseis quadros ao mesmo tempo. *Ele* não tinha um mito formulado para guiá-lo, aparentemente, e suas realizações são notáveis. A questão em si, devo admitir, não me interessa muito. Não estou interessada em uma obra de tamanha proporção. Algumas coisas não precisam ser grandes para serem boas.

**AB:** Mas alguns poetas e críticos têm se preocupado muito com isso, não é verdade?

**EB:** Algumas pessoas anseiam por organização mais que outras – o desejo de ter tudo em seu devido lugar. Suponho que Auden realmente pensa dessa forma. Marianne Moore, por outro lado, não tem um "mito" particular, mas um notável conjunto de crenças continua aparecendo insistentemente, como se fosse a espinha dorsal da fé.

**AB:** Sei que você se interessa vividamente por outras artes – música e pintura, em especial. Os seus poemas foram afetados por isso?

**EB:** Acho que sou mais visual que a maioria dos poetas. Muitos anos atrás, por volta de 1942 ou 1943, alguém comentou comigo que Meyer Shapiro, a crítica de arte, disse a meu respeito: "Ela escreve poemas com olhos de pintor". Eu me senti lisonjeada. Sempre gostei de pintura. Quando criança, fui levada ao Museu de Belas Artes de Boston, ao Museu da Sra. Gardner e ao Fogg. Eu adoraria ser pintora.

**AB:** E sobre "Canções para uma cantora de cor"? Você não compôs a melodia, compôs?

**EB:** Eu tinha esperanças de que um dia alguém o fizesse. Acho que pensava em Billie Holiday. Acrescentei algumas palavras grandes só porque ela cantava bem palavras grandes – "*conspiring root*", por exemplo. E quanto à música em geral: eu adoraria ser compositora! Estudei contraponto e piano durante anos. Suponho que eu ainda seja "musical". Mas queria ser médica também e me matriculei na Cornell Medical School. Acho que Marianne Moore me desencorajou a continuar com aquilo.

**AB:** Eu me pergunto se você, às vezes, "sente" seu caminho até um poema, como se seguisse seus ritmos mesmo antes do tema do poema ter se revelado – você sabe, a forma pela qual "*Le Cimetière Marin*", de Paul Valéry, foi composto?

**EB:** Sim. Um grupo de palavras, até uma frase pode chegar ao meu pensamento, como alguma coisa que flutua no mar e atrai outras para si. Tenho a tendência de "sentir" um poema, como você está sugerindo. A mente das pessoas trabalha de formas surpreendentes. Quando estava escrevendo "Galos", tive um bloqueio. O poema se recusava a ser escrito. Então, um dia, estava ouvindo um disco de Ralph Kirkpatrick executando obras de Scarlatti, os ritmos de uma sonata se impuseram e voltei ao poema.

**AB:** Ao compor um poema como esse, você começa por organizar as estrofes de uma maneira mais prazerosa ou deixa a experiência ditar a forma?

**EB:** Nesse caso específico, eu não saberia dizer o que veio primeiro. Às vezes a forma, às vezes o conteúdo domina a mente. Todos os poetas com quem já conversei dizem exatamente a mesma coisa. Com relação a isso, eu concordo com o que disse Housman, no ensaio "The Name and Nature of Poetry". É apenas um lado da questão, mas está muito bem articulado.

**AB:** Eu gostaria de saber se você revelaria o que há por trás de sua sextina "Um milagre matinal". Há uma qualidade surrealista inerente nesse poema, mas estou curiosa a respeito da experiência que produziu esse poema.

**EB:** Ah, esse é o meu poema da Depressão. Foi escrito logo depois da época em que se entrava na fila para tomar sopa e dos vendedores de maçãs, mais ou menos em 1936. Foi meu poema "socialmente consciente", um poema sobre a fome.

**AB:** Foi também o auge do surrealismo, não foi?

**EB:** Isso. Eu tinha acabado de voltar do meu primeiro ano na França, onde li muita poesia e prosa surrealistas.

**AB:** Quando leio o poema aqui no Brasil, meus alunos sempre perguntam: "Ela estava esperando pela barca?". Você deve lembrar de que no início do poema há uma barca cruzando o rio.

Mudando um pouco de assunto. "No pesqueiro" é meu poema predileto de seu segundo livro. Ele me parece ao estilo de Wordsworth, algo como "Resolution and Independence". Mas o seu poema é mais imediato, usa o tempo presente e é mais "existencialista". Wordsworth realmente parece querer dizer "emoção recapturada em estado de tranquilidade" e coloca a maior parte do seu poema no pretérito. O que você acha dessa comparação?

**EB:** Acho que é uma questão de como a poesia é escrita. Houve muita mudança no que se acredita ser psicologia poética, ou mesmo a atitude que se tem em relação a ela. Um dos grandes inovadores aqui é Hopkins. Quando eu estava na faculdade, escrevi sobre ele. E enquanto estava escrevendo, encontrei um ensaio sobre a prosa barroca no século XVII. O autor – esqueci o nome – se esforçou em mostrar que os sermões barrocos, como os de Donne, tentavam dramatizar a mente em ação, e não a mente em repouso. Aplicando isso ao texto sobre Hopkins que eu estava escrevendo, usei uma frase de "The Wreck of Deutschland" que me impressionou muito, em que ele diz "*Fancy, come* *faster*" ["Imaginação, chegue mais rápido"]. Ele interrompe e se dirige a si mesmo. É um poema barroco. Browning faz algo parecido, mas não de forma tão contundente. Em outras palavras, o uso do tempo presente ajuda a expressar essa ideia de mente em ação. Cummings faz isso em alguns poemas. É claro que poetas escrevendo em outras línguas (especialmente em francês) usam o "presente histórico" mais do que nós. Mas não é bem o mesmo mecanismo. Ainda assim, mudar o tempo verbal sempre gera efeitos de profundidade, espaço, perspectiva de primeiro e segundo planos, etc.

**AB:** Talvez algo como mudar algumas notas de lugar em música?

**EB:** Exatamente, é algo assim mesmo.

**AB:** O que você acha do monólogo dramático enquanto forma – sabe, quando o poeta assume um papel? Essa "poesia de experiência" tem atraído muitos poetas. Acredito que você usou esse recurso umas duas ou três vezes, como, por exemplo, em "Canções para uma cantora de cor" e "Casa de Jerónimo".

**EB:** Não pensei muito sobre isso. Robert Lowell, entre outros, já escreveu obras brilhantes nessa forma. Suponho que deva funcionar como uma espécie de catarse. Você pode dizer todo tipo de coisa que não é permitido dizer na forma lírica. Se você tem cenário e figurino, consegue fazer muito. Estou escrevendo um assim agora.

**AB:** Li recentemente um poema seu, chamado "Sonho de verão". É uma miniatura maravilhosa, evoca uma decadente cidadezinha à beira-mar. Cada detalhe é importante. Você o reduziu a partir de um maior?

**EB:** Eu passei um verão em Cape Breton. Era uma cidadezinha muito pequena. Acredito ter mencionado no poema que a população contava com alguns tipos pouco comuns. Na verdade, havia mais pessoas. Mas alguns gigantes excepcionais vêm dessa região, e acho que consegui, de alguma forma, retratar no poema como as pessoas eram. Não, não o reduzi.

**AB:** Você se vê revisando um poema como esse?

**EB:** Não. Depois que um poema é publicado, raramente mudo alguma palavra. Alguns poetas gostam de reescrever, mas eu não.

**AB:** Como você foi parar em Key West? Você produziu coisas lindas lá. Achava ser um bom lugar para escrever?

**EB:** Em 1938, acho, estava na Costa Oeste da Flórida, pescando. Fui então para Key West, por alguns dias apenas, para ver como a pesca estava por lá. Gostei da cidade e decidi voltar em 1939, depois de mais uns oito meses na Europa. Por fim, acabei adquirindo uma casa simples e bastante antiga. Não saberia dizer se Key West oferece alguma vantagem especial para um escritor. Mas eu gostava de morar lá. A luz e a intensidade das cores me causaram uma boa impressão e eu adorava nadar. A cidade estava completamente destruída naquele tempo. Todo mundo morava em habitações ruins. Parecia que eu tinha uma predileção por lugares pobres naquela época. Mas minha fase em Key West definhou aos poucos. Voltei para passar os invernos até 1949, mas depois da guerra não era mais a mesma coisa.

**AB:** Já que mencionei Key West, você poderia falar sobre John Dewey, que você conhecia tão bem lá? Acredito que você concordaria que o estilo de prosa dele, mesmo em seu livro sobre estética, pode ser dito desajeitado e não ajuda em nada a reputação dele. Mas era um homem sensível, não era?

**EB:** Sim, muito. Eu o achava um homem adorável. Ele conseguia trabalhar sob quaisquer condições. Mesmo aos 85 anos, ele não perdia um detalhe. Ele e Marianne Moore são as únicas pessoas que conheço que conversariam com qualquer um, de todas as classes sociais, sem a menor mudança em seu modo de falar. Acho que isso mostra uma coisa importante sobre Dewey e Marianne Moore – eles tinham o tipo de respeito instintivo pelas outras pessoas que todos gostaríamos de ter, mas conseguimos apenas aspirar a tê-lo. Não importava quão inocente fosse sua pergunta, ele sempre daria uma resposta completa e cuidadosa. Ele amava coisas pequenas, plantinhas, ervas, animais e, claro, era muito generoso ao lidar com as pessoas. Lembro quando "Galos" foi publicado na *The New Republic*. Ele leu e disse: "Bem, Elizabeth, você sabe fazer muito bem rimas em três versos. Gostaria de ter aprendido mais sobre o ofício de escrever quando eu era jovem".

**AB:** Algumas pessoas podem ficar surpresas ao saber que Flannery O'Connor admirava Dewey. Quando a vi pela última vez, ela estava lendo dois livros dele.

**EB:** Bem, tenho certeza de que ela sabia mais sobre a filosofia de Dewey que eu!

**AB:** Você trabalhou com Robert Lowell durante um bom tempo, não é verdade?

**EB:** Acho e espero que tenhamos sido bons amigos por vinte anos. Tanto a vida quanto o trabalho de Lowell foram muito importantes para mim. Ele é um dos poucos poetas que, quando vejo o nome estampado em um sumário ou na capa de uma revista, me encho de esperança e empolgação antes mesmo de ler o poema.

**AB:** O que você acha da mudança ocorrida na poesia dele nos últimos anos – começando com *Life Studies*?

**EB:** Sente-se falta dos sons que irrompem do velho trompete de *Lord Weary's Castle*, mas poetas precisam mudar. Provavelmente essa magnificência mais branda de seus últimos trabalhos é mais humana.

**AB:** Acredito que chegamos mais ou menos a 1950, agora. Esse seria o período em que você foi nomeada para a Biblioteca do Congresso. Você esteve lá depois do fiasco do Prêmio Bollingen, não é?

**EB:** Léonie Adams me precedeu, e ela ficou com a pior parte. MacLeish conhecia bem o trabalho, alguns poetas se encaixavam muito bem na função. Eu não exerci muito bem o meu papel – não dei palestras ou leituras, coisa que nunca faço. Foi a única vez na vida que acompanhei o funcionamento da burocracia, o que certamente contribuiu para minha formação.

**AB:** Como muitos escritores, você visitou Ezra Pound durante os anos 1950.* Você tem algum comentário a fazer sobre ele? Você até falou da experiência no poema "Visitas a St. Elizabeths".

**EB:** Acho que disse tudo o que queria naquele poema. Eu admirava enormemente a coragem dele. Ele provou sua devoção à literatura naqueles treze anos.

**AB:** A propósito, estou mais interessada na forma daquele poema. Como você chegou a ela?

**EB:** Eu me baseei na estrutura de uma antiga canção de ninar. Sempre gostei de canções de ninar e essa pareceu funcionar.

**AB:** Aqui no Brasil, poetas como Vinicius de Moraes têm escrito letras para a bossa nova. Você já quis fazer algo assim em inglês?

---

* O poeta norte-americano Ezra Pound passou mais de uma década internado no hospital psiquiátrico St. Elizabeths, de 1946 a 1958. (N.E.)

**EB:** Sempre quis escrever músicas populares. Tentei várias vezes, mas nunca consegui. Gosto muito de algumas letras populares como "Mean to Me", de Roy Turk, e "Speak Low", de Ogden Nash.

**AB:** Acho que um número razoável de pessoas já leu e admira seu novo poema, a balada "O ladrão da Babilônia". É mesmo ótimo. Você teve dificuldade em encontrar um meio adequado para esse poema? Origina-se de algum material jornalístico, não é?

**EB:** Não, sentei e o escrevi praticamente de uma vez só, com alguns acréscimos e mudanças. A maior parte foi escrita em um dia. Naturalmente se apresentou como uma balada. É uma história verdadeira, tirada de notícias de jornal. Fiz duas pequenas alterações nos fatos.

**AB:** Você realmente viu Micuçu ser caçado no morro da Babilônia, no Rio?

**EB:** Não, mas vi os soldados. Dava para vê-los com binóculos do terraço onde eu estava.

**AB:** Com o seu novo livro de poemas, *Questões de viagem*, prestes a sair, quais são os seus planos literários imediatos?

**EB:** Bem, eles são sempre os mesmos. Escrever poemas quando posso. Estou também planejando um livro em prosa sobre o Brasil. Estou pensando em chamá-lo *Black Beans and Diamonds*. Deve ser uma combinação de guia de viagem, livro de memórias e álbum fotográfico. Eu me interesso muito por fotografia. Adoraria fazer com que o Brasil fosse visto como um lugar mais próximo e menos como um objeto de fantasia pitoresca. Não é assim tão longe de Nova York. Acho que desde os grandes naturalistas (Darwin, Wallace, Bruce, etc.), ninguém prestou muita atenção ao Brasil, pelo menos não os estrangeiros. Exceto, talvez, Lévi-Strauss.

**AB:** O que você acha da poesia norte-americana contemporânea?

**EB:** Muito boa. Temos muitos bons poetas. Seria melhor nem mencionar nomes, mas realmente admiro e leio com prazer pelo menos sete dos meus contemporâneos. No que concerne à poesia, e temo que isso não seja muito, este é um período que me agrada. ■

# *Em ação: a originalidade da poeta*

**Tom Robbins, 1966**

*Seattle Magazine*,
abril de 1966, p. 8-12.

*Tradução*
Heci Regina Candiani

Nada impede que a poesia emocione tanto quanto a pintura, a música ou o cinema. E nada impede que a poesia seja tão emocionante quanto futebol, corrida de arrancada, assalto à mão armada ou sexo proibido. E mesmo que nada impeça, raramente é o que acontece.

Talvez o acontecimento mais emocionante da poesia em Seattle neste ano tenha sido a chegada de uma poeta que (contra todas as expectativas) é mulher, de meia-idade, tímida, de voz suave, e pálida como uma lua de inverno. Seu nome é Elizabeth Bishop, e mesmo que ela se pareça mais com uma bibliotecária do que com uma feiticeira das imagens exóticas, há algumas semanas um jovem boêmio adepto dos alucinógenos foi visto em um bairro universitário lendo avidamente o último livro de poemas da senhorita Bishop e dizia: "Cara, tem umas viagens incríveis aqui".

Elizabeth Bishop é mesmo uma adepta das "viagens", mas não em sua variação alucinógena, como o jovem moderninho tinha em mente. Por mais de trinta anos, ela percorreu os horizontes mais longínquos da Terra, colecionando cores, sons e aromas exatamente como outros viajantes acumulariam fotografias e lembranças.

Mesmo com tantos passeios e explorações, sua produção poética tem sido modesta – porém notável. Sua segunda antologia foi publicada há doze anos. O livro, chamado *Poemas: Norte a Sul – Uma primavera fria*, traz apenas 48 obras, mas lhe rendeu o Prêmio Pulitzer. Seu terceiro livro, publicado recentemente, *Questões de viagem*, tem só 20 poemas, mas foi aclamado pela crítica e indicado para o National Book Award de 1966.

Ao embarcar para Seattle, em janeiro, para lecionar por cinco meses em uma oficina de poesia na Universidade de Washington, a poeta deixou para trás toda a sedução de um país imenso e colorido, o Brasil, onde ela vive, indo e voltando, desde 1952. Ao mesmo tempo, ela rompeu o que, para uma expoente de sua profissão, pode ser considerado um longo boicote à academia. "Sou a única poeta norte-americana da minha geração que não ganhou a vida dando aulas", diz ela. "Esta é a primeira vez que leciono e, de certa maneira, detesto ter estragado esse título."

Como nunca foi palestrante nem professora e raramente frequenta os círculos literários, Elizabeth Bishop é naturalmente reticente em relação a seu ofício. Ela nunca elaborou teorias sobre poesia; simplesmente a escreveu. E talvez sua distância do ambiente universitário, das festas e das panelinhas seja responsável por parte do frescor e da originalidade de sua poesia.

"Nunca me ocorreu refletir sobre o que vem a ser um poema", observa. "Mas agora tive de chegar a uma definição, porque meus alunos poderiam me questionar. Na verdade, as teorias sobre poesia são feitas depois do fato consumado. Não acredito que alguém jamais tenha sentado e escrito um poema de acordo com alguma teoria. Se escreveu, provavelmente não era nada bom."

"Não se pode escrever poesia seguindo um cronograma. Um bom poema surge muito raramente. Por isso, muitos poetas desenvolvem teorias, para passar o tempo. W. H. Auden disse uma vez: 'poetas precisam de alguma coisa para preencher o tempo. Caso contrário, acabam se dispersando'", diz ela num sorriso forçado, como se confessasse alguma coisa.

Na Universidade de Washington, a professora iniciante descobriu que seus alunos são admiravelmente brilhantes, e muitos deles escrevem bons versos. Como não conhecia a Região Noroeste dos Estados Unidos, ela se surpreendeu com o interesse quase obsessivo dos poetas locais, tanto estudantes quanto profissionais, pelo Oriente. Elizabeth Bishop é condescendente com os poetas da natureza, representantes da decadente tradição do inglês William Wordsworth. Mas a influência asiática a perturba. Ela se decepciona ao perceber que muitos de seus alunos preferem escrever *haikais*, poemas japoneses curtinhos de 17 sílabas.

"Talvez o *haikai* não seja indicado para o nosso idioma", ela diz, pensativa. "As formas apropriadas à nossa língua são muito ricas. Refiro-me às formas inglesas, não às norte-americanas. Ainda somos mais ingleses do que qualquer outra coisa, e esta 'língua americana', sobre a qual William Carlos Williams tanto fala, é absurda. Escrevemos poesia inglesa melhor do que os ingleses atualmente, por que não ter orgulho disso? Em inglês, os *haikais* são frustrantes. Fazem com que eu me sinta como se alguém tivesse puxado a cadeira em que vou me sentar. Qualquer dia, me aparecem com um *limerick*."

Nos anos 1950, os poetas da geração *beat* (Allen Ginsberg e Lawrence Ferlinghetti, entre outros) tiveram profunda influência em jovens de todo o mundo, e embora Bishop fosse simpática à revolução social que eles promoviam, nunca se apaixonou por sua poesia. "Era romântica e autopiedosa", ela a classifica, acrescentando: "Detesto autopiedade nos poemas". Ela fica perplexa quando algum de seus alunos faz um sermão ao estilo de Ginsberg. "Você pode imaginar esses monstros, saudáveis, alimentados com leite, se compadecendo um com o outro?", ela pergunta. "Aqui os estudantes vivem na moleza. Recomendaria a toda a juventude norte-americana uma viagem a um país subdesenvolvido. Quando penso nos estudantes pobres que conheço no Brasil..."

(Claro que Elizabeth Bishop sabe que abundância nem sempre é fonte de felicidade. Aliás, quase sempre é o contrário. Pode promover uma pobreza espiritual chocante – uma indiferença avarenta e orgulhosa que obriga uma poeta sensível a usar os adjetivos mais venenosos. Além disso, quando se consideram as condições desumanas do Brasil, onde quase não existe classe média, e um punhado de pessoas extremamente ricas domina milhões de pobres, é possível compreender por que a poeta não tem pena dos jovens rebeldes materialmente privilegiados dos Estados Unidos.)

O Brasil é o assunto preferido das conversas com Elizabeth Bishop, que foi criada na Nova Inglaterra e na Nova Escócia e estudou na Faculdade de Vassar. Lá, ela, a romancista Mary McCarthy e alguns amigos editavam uma renegada revista literária em um escritório localizado em um ponto de venda ilegal de bebidas. Hoje ela tem uma casa recém-adquirida em Ouro Preto, cidade montanhosa cuja arquitetura portuguesa do século XVIII foi perfeitamente preservada. Em junho, quando suas atividades como professora já terão rendido os recursos necessários para a reforma da casa, ela retornará a Ouro Preto. Mas os poemas que deixará aqui (*Questões de viagem* é muito procurado nas livrarias de Seattle), continuarão evocando as cores vivas do Brasil.

Os onze poemas que compõem a metade mais interessante de *Questões de viagem* podem ser comparados a pinturas de Paul Gauguin. Como ele, Elizabeth Bishop capta o exótico de forma atenta e apaixonada: ela é uma viajante nata com inclinação para os detalhes inusitados, que escapam à percepção viciada tanto do turista comum quanto de quem vive muito tempo no mesmo lugar.

O imaginário de Elizabeth Bishop é extremamente visual e, como "colorista", ela usa uma paleta de apelo ao mesmo tempo decorativo e emocional. Tão distante do naturalismo quanto Gauguin, ela escolhe nuances nitidamente definidas e de riqueza suntuosas, escrevendo sobre o "chão vermelho", o "raio cor-de-rosa", as "bromélias negras de sangue", "o branco-leitoso do amanhecer" e o musgo que ameaça as rochas com suas "adoráveis chamas verde-inferno".

Em Bishop, as "superfícies" são lisas, achatadas, e as curvas, voluptuosas (como em Gauguin). E tanto nas rimas firmes de tirar o fôlego, como em "O ladrão da Babilônia", quanto no estilo coloquial, que flui livremente, como em "O ribeirinho", seus poemas são repletos de uma atmosfera de eterna calma e impregnados de uma visão mágica da realidade.

Consideremos estes versos:

O sol nasceu amarelo,
Feio que nem um ovo cru.*

Ou esta passagem de "O ribeirinho", um estranho e misterioso relato de um aprendiz de "sacaca", feiticeiro dedicado aos espíritos da água, de uma aldeia da Amazônia:

---

* BISHOP, Elizabeth. *Poemas escolhidos*. Trad. Paulo Henriques Britto. São Paulo: Companhia das Letras, 2012. p. 273. — The yellow sun was ugly / Like a raw egg on a plate.

Quando a lua brilha branca
e o rio faz aquele som
de chama de fogão a gás –
aquele chiado que lembra
cem pessoas cochichando –
eu hei de estar lá no fundo,
o chocalho chocalhando,
o coral dando sinal [...]*

Embora Elizabeth Bishop faça parte do *establishment* poético de tradição refinada, sua percepção para o surpreendente, seu apetite pelo que há de mágico e maravilhoso na vida, a separam dos poetas da velha guarda, que, apesar da reputação de deuses do Olimpo, são responsáveis pela nuvem escura de tédio que pesa sobre a poesia norte-americana.

Não faz muito tempo, David Wagoner, professor de inglês da Universidade de Washington e também poeta, publicou em um jornal de Seattle um ensaio intitulado "Why People Hate Poetry" [Por que as pessoas odeiam poesia]. Segundo ele, crianças têm uma inclinação natural para a poesia, mas seu entusiasmo logo se transforma em aversão graças ao modo tedioso e mecânico como ela é ensinada na maioria das escolas. A teoria de Wagoner certamente é válida, mas não esgota a questão.

Se a poesia tem um público reduzido, a culpa é também dos poetas e, mais especificamente, das revistas que os publicam. Mais do que qualquer outra arte, a poesia se manteve distante da vida. A poesia é confinada ao ambiente incestuoso e sufocante da academia. As principais revistas de poesia (em geral, ligadas a universidades) são totalmente vegetarianas – olhe para uma pilhas delas, não há um bom pedaço de carne ali.

* BISHOP, Elizabeth. *Poemas escolhidos*. Trad. Paulo Henriques Britto. São Paulo: Companhia das Letras, 2012. p. 263. — When the moon burns white / and the river makes that sound / like a primus pumped up high — / that fast, high whispering / like a hundred people at one — / I'll be there below, / as the turtle rattle hisses / and the coral gives the sign.

A poesia oficial norte-americana se tornou respeitável demais. E, nas artes, ser respeitável é uma forma de paralisia, assim como ser sentimental é uma forma de morte. Baudelaire, Rimbaud e mesmo Shakespeare já demonstraram claramente que a poesia está tanto no bordel e no abatedouro quanto no jardim de rosas e no meio da floresta. Ainda que os *beats* não tenham feito nada de mais (além de dar vida a Gary Snyder, um dos poetas de leitura mais prazerosa do mundo), eles tiraram a poesia da sala de estar e a colocaram nas ruas, que é o seu lugar.

Mesmo que um poema deva ter um sentido (ou seja, deva começar em um ponto e mover-se em direção a outro), não se pode esperar que a poesia intelectualizada, de ideias abstratas, atraia leitores que tenham a mente e o coração abertos para a vida. O poema mais bem-sucedido é o completamente inesperado. Se não provoca surpresa ou espanto, e se não exige mais da imaginação do que algumas habilidades técnicas, um poema não pode ir muito além dos limites da página em que está impresso.

Elizabeth Bishop não está particularmente interessada na relação do público com a poesia. "Não se ensina ninguém a escrever poesia, e não se pode obrigar ninguém a ler poesia", diz ela. Se alguém quiser ler poesia, encontrará um jeito de fazê-lo, e se alguém quiser escrever poesia, você não poderá impedir. Com todas as subvenções e incentivos a leituras públicas, os poetas hoje estão bem melhores do que jamais estiveram – e talvez devamos agradecer por isso".

De certa forma, é verdade. Mas na maioria das vezes as subvenções, bolsas e turnês de leitura são apenas meios para o *establishment* acadêmico financiar a mediocridade. O que deveríamos realmente agradecer é que existam alguns poetas com coragem, paixão, humor e imaginação. Alguns poucos poetas que permanecem longe da mesmice, poetas – e Elizabeth Bishop está entre eles – que utilizam as brilhantes ferramentas da linguagem para arrombar a porta do paraíso. ■

# *Elizabeth Bishop: conversas e anotações de aula*

**Wesley Wehr, 1966**

*Antioch Review*,
v. 39, n. 3 (1981), p. 319-28.

*Tradução*
Amanda Guizzo Zampieri

Os comentários de Elizabeth Bishop a seguir são de conversas que tivemos e de anotações de aulas feitas durante suas oficinas de poesia na Universidade de Washington. Ela vinha do Brasil e havia acabado de chegar a Seattle. A possibilidade de dar aulas de poesia a assustava; ela jamais havia feito algo assim, e sua casa em Ouro Preto precisava de um telhado novo. Era janeiro. Chovia torrencialmente. Bishop já estava desesperada, com saudades de casa. A cada dia que passava, ela sentia mais vontade de cancelar tudo e voltar para o Brasil.

**Elizabeth Bishop:** Gostaria que meus alunos não perdessem tanto tempo tentando "descobrir a si mesmos". Eles deveriam deixar que *outras* pessoas os descubram. Vivem dizendo que querem transmitir a verdade em seus poemas. Acontece que sempre dizemos a verdade sobre nós mesmos apesar de nós mesmos. O problema é que muito frequentemente não gostamos da maneira como ela se revela. Se meus alunos se concentrassem mais em todas as dificuldades de se escrever um bom poema, em todas as complexidades da língua e da forma, acho que eles descobririam que a verdade surgirá por si mesma.

Outra coisa que me incomoda bastante: há uma tendência, na minha aula, de os estudantes escreverem certo tipo de poema *sentimental* – sobre amor, perdas, folhas molhadas, o luar enevoado. Seus poemas são muito vagos. E se *alguém* naquela turma usar a palavra "comunicar" *mais uma vez*, juro que vou *gritar*! *Odeio* essa palavra! Aqueles alunos *não estão lá* para "se expressar"; eles estão lá para aprender sobre como escrever um *bom poema*.

Outro dia descobri, para meu horror, que eles sequer sabem a diferença entre vírgula e ponto e vírgula! Alguns deles falam tão mal que não sei dizer se são burros ou se é algum tipo de afetação ou impedimento no dialeto local. Eles continuam dizendo coisas como "Oh, srta. Bishop, você *sabe* como é". E eu digo, "Não, não sei como é. Por que você não me diz como é? Não consigo ler pensamentos".

Perguntei se algum deles saberia dizer o que havia de errado com aquele slogan *medonho*: "Winston é saboroso como um cigarro deve ser". Silêncio completo na sala. Até que acabei me sentindo obrigada a pegar um dicionário de usos do inglês e, lentamente, li para eles as duas definições da palavra *como*.* Quando terminei, a maioria deles me olhava fixamente. Eu poderia muito bem ter ido embora naquele momento. Mas disse: "Se vocês querem tanto se *expressar*, por que não se dão ao trabalho de aprender até as coisas mais simples da sua própria língua?". Você que estudou com ele, me diga: o que Theodore Roethke fazia com esse tipo de coisa? Eu fui trazida aqui para ensinar o que mesmo?

**EB:** [para a turma] Todos nesta turma gostam de Shakespeare, e também de Dylan Thomas. Mas e os poetas dos séculos XVII e XVIII? E o século XIX? Fiquei chocada ontem quando vocês não reconheceram as citações de Keats, Tennyson e Swinburne. Eu tive um ano inteiro de Wordsworth, Keats e Shelley quando estava no colégio. Os românticos ainda são poetas extraordinários. Vocês *deveriam* gostar de Wordsworth. Vocês são pessoas da natureza, eu esperava que gostassem dele.

Vocês já leram as cartas do Keats? Acho altamente recomendável, e acho que gosto mais delas do que da poesia dele. Ele tinha um

* Em inglês, no original: "Winston tastes good like a cigarette should". A frase foi muito usada em meados do século XX na propaganda da marca norte-americana de cigarros Winston. Sobre as definições de "como", a autora se refere aos termos "like" e "as". Na época, o uso intencional de "like" em vez de "as" no anúncio foi considerado coloquial e gramaticalmente incorreto pelos puristas. (N.T.)

cérebro maravilhoso e uma personalidade bastante forte. As pessoas escreviam cartas bem melhores naqueles tempos. Além disso, vocês deveriam ler as cartas de Hopkins para Robert Bridges. Elas contêm algumas das melhores declarações que já li. Seus diários – que continham meras observações – são maravilhosos. Ele e Marianne Moore são os observadores mais admiráveis que já li.

**EB:** Vocês deveriam usar mais *objetos* em seus poemas – aquilo que vocês usam todos os dias... as coisas que nos cercam. A *pop art* chama a nossa atenção para várias coisas, gostemos ou não. Pode-se escrever uma poesia muito boa sem imagens vívidas, mas, particularmente, prefiro a observação. Não encontro *coisas* suficientes nos poemas de vocês. Há tanta coisa que vocês não estão aproveitando – a aliteração, por exemplo. Minha vista do quadragésimo andar do Hotel Meany me deprimiu. Quero que vocês escrevam um poema com cerca de trinta versos sobre Seattle. Aqui há uma lista de palavras que ele deve conter: viaduto, Obelisco Espacial, gaivota, "rota turística" e carros. Darei um prêmio especial a quem conseguir a melhor rima para Seattle.

**EB**: [para a turma, 5 de janeiro de 1966, primeiro dia de aula] Olhei os poemas que vocês me entregaram e nunca vi tantos haikais na vida! Eles também não estão muito bem escritos. Parecem mais o tipo de coisa que se anota quando alguém está se sentindo levemente "poético".

Algumas de suas rimas são simplesmente *horríveis*! E parece que escreveram muitos versos livres. Acho que é assim que vocês os chamam. Fiquei chocada. Não consegui fazer a escansão de seus "versos livres" – e vejam que é possível escandir até Eliot. Penso que alguns de vocês têm ideias errôneas acerca do verso livre. Não é assim tão fácil. Vejam Eliot: podemos escandir perfeitamente seus poemas descritivos sobre Cabo Ann, e o mesmo acontece com "Quatro quartetos" e "A Terra devastada" [ela lê uma passagem de "A Terra devastada" em voz alta].

Estão vendo? Vocês nunca imaginariam isso como prosa. É um verso livre *bom*. Também podemos pegar E. E. Cummings e os poemas em forma de chuva de Apollinaire. No entanto, os poemas de vocês estão todos espalhados pelas páginas e não consigo ver nenhuma razão para isso. Devo estar bastante fora de moda.

Vejo que terei de ser bem rígida com vocês. Vamos fazer algo no estilo de Housman, no primeiro exercício. Quero algo bastante *limpo* – como um hino. Alguns de vocês têm ouvidos bons. Penso que é um dom de Deus. No entanto, seu senso de rima e forma é atroz. Terei de dar a vocês algumas tarefas de métrica estrita, e mais adiante faremos algo sobre o pentâmetro iâmbico.

**EB**: Vocês precisam manter a cabeça cheia de poemas o tempo todo, até que eles praticamente interfiram em tudo.

Um poeta não consegue escrever poesia o tempo *todo*. Então, quando não está escrevendo, ele pode fazer muitas outras coisas: desperdiçar tempo, inventar teorias sobre poesias ou escrever suas memórias. Trata-se quase da mesma coisa.

Gostaria de sugerir que vocês lessem um poeta: *todas* as suas poesias, cartas, biografias, tudo, exceto as críticas sobre ele.

Acredito no acidente feliz, mas ninguém senta e fica esperando por ele. Para se acidentar, é preciso pisar na estrada.

Quando se imita os poetas antigos, há uma chance maior de se parecer consigo mesmo do que quando se copia os contemporâneos.

Há um provérbio espanhol que diz: um burro pode viajar, mas continuará sendo um burro.

As pessoas pensam que fazer certas coisas, como escrever um poema, traz felicidade. Mas isso não resolve nada. Talvez no mínimo dê a satisfação de ter feito algo bem ou de ter tido um bom dia de trabalho.

**EB**: [para Wesley Wehr] Todos aqueles alunos da minha turma – com olhos confiantes e semblantes puros. Você já viu os carrões que alguns deles dirigem? Não sei de onde eles tiram tanto dinheiro; talvez os pais os ajudem. A maioria deles parece bem alimentada e bem rica. O que eles tanto escrevem nos poemas? *Sofrimento*! De todos os tipos. Não creio que a maioria deles saiba *algo* sobre sofrimento, mas seus poemas são repletos dele. Acabei dizendo que eles deveriam vir para o Brasil e ver o que é o sofrimento de *verdade*, com seus próprios olhos. Quem sabe assim eles não escreveriam tão "poeticamente" sobre sofrimento.

**EB**: Eu mal os conheço e, no entanto, já comecei a me preocupar com alguns dos meus alunos. Enlouquecer é muito comum hoje em dia, e me assusta ver alguns jovens flertando com essa ideia. Eles pensam que enlouquecer os transformará em poetas melhores. O que não é verdade *de jeito nenhum*! A insanidade é algo terrível...

*terrível*! Eu vi a insanidade de perto, em alguns de meus amigos, e não é aquela coisa "poética" que os jovens pensam que é. John Clare *não* escreveu uma poesia gloriosa enquanto estava no manicômio, fico feliz em afirmar. Conheci Marianne Moore muito bem durante um longo período. Talvez conte aos meus alunos sobre ela algum dia – para mostrar a eles a lição que tiramos de uma vida relativamente limitada como a que ela teve. Penso ser importante que meus alunos conheçam algumas dessas coisas. Eles têm ideias tão limitadas e às vezes tão destrutivas sobre o que é ser poeta. Tenho pensado nos últimos tempos que eu realmente deveria dizer alguma coisa desse tipo para eles. É uma questão muito séria.

**EB**: Tive muita sorte desde o início, ganhando prêmios e recebendo incentivo. Não que eu acreditasse que merecesse, mas aconteceu assim. Às vezes não acho que eu seja um boa poeta, mas quando leio algumas das coisas que meus contemporâneos escrevem, penso que não sou tão ruim, afinal de contas.

Só tive um poema rejeitado em toda minha vida. De alguma forma, sempre soube qual poema enviar para qual revista. Mas alguns de meus alunos continuam enviando seus trabalhos para as piores e menores revistas de poesia. Eles querem tanto ser publicados que nem se importam em qual for. Disse a eles, um dia, que não deveriam perder tempo enviando poemas para revistinhas de poesia. Eles deveriam visar aos melhores. Algumas delas podem até ser boas, mas muitas delas publicarão qualquer coisa que receberem.

**EB**: Nunca fui desses poetas que escrevem um poema e depois sai por aí mostrando para todo mundo... fazendo de conta que quer críticas. Na maioria das vezes – de uns anos para cá – eu já sei o que há de errado com o poema. Se mostrei meu trabalho buscando crítica foi quase sempre para Cal Lowell ou para Marianne Moore. Cal gostou do meu novo poema, aquele que chamo de "Poema". Ele diz que é muito bom. Imagine só o quanto isso me deixou feliz.

**EB**: *Sempre* digo a verdade nos meus poemas. Em "O peixe" foi *exatamente* aquilo que aconteceu. Eu estava em Key West e o pesquei *exatamente* como conto no poema. Era 1938. Ah, mas eu mudei *uma* coisa: o poema dizia que eram cinco anzóis pendendo da boca dele, quando na verdade foram apenas três. Penso que melhorei o poema quando fiz essa mudança. Às vezes um poema faz suas próprias exigências. No entanto, *sempre tento* me fiar ao máximo no que *realmente* aconteceu quando descrevo alguma coisa em um poema.

**Wesley Wehr**: Elizabeth, você já perdeu a motivação?

**EB**: Perder a motivação? Você pergunta as coisas mais estranhas. Eu diria o seguinte: às vezes minhas "motivações" *voltam* por um dia, talvez até dois. Aí eu tenho mesmo que trabalhar! Aconteceu comigo há algumas semanas. De repente eu me senti "motivada", como você diz. Limpei o fogão e respondi algumas cartas. É isso que você considera estar motivado? Ou você quer dizer ter ataques de inspiração para escrever poemas? Ah, *espero* que você não esteja se referindo a *isso*! Ainda não consegui escrever uma única boa linha em Seattle. Em uma ou outra ocasião, a maior parte do poema vem a mim de uma tacada só, mas em geral escrevo muito lentamente.

**EB**: Como escrevo o tipo de poesia que escrevo, as pessoas parecem supor que sou uma pessoa *calma*. Às vezes elas até dizem que sou muito *sã*. Mas não sou nem um pouco calma. Posso entender como as pessoas imaginam que sou, mas se elas realmente me conhecessem, veriam que há momentos em que posso ser tão confusa e indecisa quanto qualquer um. Há momentos, momentos terríveis, em que realmente me pergunto como seguro as pontas. Mas, pelo menos enquanto estou aqui, eu sinto a responsabilidade de parecer *calma* e serena... assim esses jovens não pensarão que *todos* os poetas são inconstantes.

**EB**: Você leu o que aquele entrevistador escreveu sobre mim? Qual é o nome dele? Ah, sim, Tom Robbins. Ele me descreveu com aparência e trejeitos de uma diretora de colégio. Aquilo realmente me magoou. Eu costumava ser praticamente um moleque. Era muito boa para subir em árvores e fiz todo tipo de selvageria. E daí eles queriam uma fotografia minha para colocar na entrevista, e eu *odeio* ser fotografada. A única fotografia minha da qual eu até gosto é uma em que estou num tapete de urso lançando um olhar meigo para a câmera. Aquela eu não me importo nem um pouco. Eu não sou fotogênica, nunca fui, só isso.

**EB**: Alguns dos nossos críticos encontram coisas em comum em quase tudo. Compararam-me com Wittgenstein! Nunca li nada dele. Não sei *nada* sobre sua filosofia. Você já leu *Arte e ilusão*, do Gombrich? Lá ele afirma que toda arte vem da arte. Minha leitura favorita é Darwin.

**EB**: Acabei de chegar de uma leitura de poesia no Sudoeste. Não queria ter feito aquilo, mas eles pagam *muito bem*. Quando terminei a leitura do primeiro poema, o público aplaudiu cheio de entusiasmo. Li outro poema e eles aplaudiram ainda mais alto. Comecei a me sentir uma cantora... como a Judy Garland. Todo aquele aplauso! Parecia que eles estavam gostando mesmo e, para o meu espanto, eu também comecei a gostar. Acho que tenho um pouco de atriz em mim – mais do que eu imaginava. Ah, talvez isso não seja tão ruim.

**EB**: Fui ao psicanalista uma vez – quando estava na moda fazer esse tipo de coisa, e uns amigos me disseram para experimentar. Não me ajudou especificamente a me compreender melhor, mas com certeza ajudou a entender alguns de meus amigos.

**WW**: Por acaso tenho defesas *demais*?

**EB**: *Demais*? É possível ter defesas *suficientes*?

**EB**: Uma noite eu estava descendo a Lexington Avenue, sentindo-me entediada, talvez com pena de mim mesma. Não via ninguém havia vários dias, e ninguém havia me telefonado. As únicas coisas que recebi pelo correio foram umas poucas contas e circulares. Eu precisava sair um pouco do apartamento. Então, por incrível que pareça, fui correndo encontrar Virgil Thomson. *Ele* havia saído para caminhar – cada célula sua parecia tão entediada e na fossa quanto as minhas. De alguma forma, aquilo me acertou em cheio. Só de pensar que alguém tão brilhante e famoso como Virgil Thomson poderia parecer tão entediado e sem propósito me animou.

**WW**: Elizabeth, preciso lhe pedir uns conselhos sobre o amor [ela veio para a porta da cozinha e me encarou, incrédula].

**EB**: Você quer me perguntar *o quê*? Você disse que é sobre *amor*? O que pode remotamente lhe dar a ideia de que justo *eu* poderia saber *qualquer coisa* sobre *isso*? Se você soubesse o bastante sobre a minha vida pessoal, certamente não me pediria conselhos sábios sobre algo como o amor. Acho que sou tão confusa em relação ao amor quanto todo mundo que conheço. Se você está realmente preocupado com esse assunto, sugiro que leia Auden. Se *ele* não souber algo sobre o amor, então não sei quem poderia saber...

[Mais tarde, depois de fazermos algumas compras, estávamos descendo a University Way quando ela parou e se virou para mim.]

Wes, sinto muitíssimo por ter me esquivado de sua pergunta do jeito que fiz. Você me pegou de surpresa, e eu não sabia como responder. Mas andei pensando nisso desde que você me perguntou.

Vou dizer o seguinte: se algum tipo de felicidade aparecer em seu caminho, AGARRE-A!

**EB**: Léonie Adams é muito séria. Talvez ela me ache um tanto frívola. Assista a uma aula dela. Ela terá coisas ótimas a dizer.

Você tem falado com a Léonie – ou tem notícias dela? Ela é muito inteligente, alguém que você faz muito bem em ouvir. Ela sabe do que fala.

**WW**: Venho tentando ler alguns dos poetas "confessionais" ultimamente.

**EB**: E você não tem nada melhor para ler, não? Estou bastante surpresa com isso. Odeio poesia confessional, e tem tanta gente escrevendo atualmente. Além disso, eles quase nunca têm algo interessante para "confessar". A maioria escreve sobre coisas que, para mim, é melhor que não sejam ditas. Querido, agora fiquei um pouco preocupada com seu gosto literário. Talvez seja melhor lhe enviar algumas edições velhas da *National Geographic*.

**WW**: Queria perguntar o que devo fazer com as cartas que você me enviou... tudo bem se eu doá-las para alguma biblioteca ou arquivo público? Elas podem ser confidenciais, é claro.

**EB**: Não as *dê* para nenhuma biblioteca – seria sentimental. Você deveria vendê-las – e pedir um bom preço, se conseguir. Talvez um dia precise do dinheiro, e pode se arrepender de tê-las doado.

Isso me lembra de uma coisa: há algum tempo, eu estava em uma pequena livraria em Greenwich Village. Havia um livro que eu queria comprar, mas não tinha dinheiro suficiente comigo. Então perguntei ao dono se poderia pagar com cheque. Quando ele olhou para o papel, perguntou se eu era Elizabeth Bishop, a *poeta*. Respondi que sim. Então ele disse: "Srta. Bishop, ultimamente tenho ganhado dinheiro às suas custas. Outro dia mesmo vendi uma de suas cartas por US$ 100. Era uma curtinha... escrita à máquina com um *post-scriptum* à mão. Também vendi outra por US$ 125 não faz muito tempo." Naquela manhã eu escrevi e enviei várias cartas e não fazia ideia que elas valiam tanto. Mas não entendo por que você acha que elas deveriam ser confidenciais. Lembro muito bem do que escrevi, e não me parece que nada deva ser confidencial.

**WW**: Bem, por exemplo, em uma delas você escreve algo como "Outro livro do R. – tenho calafrios só de pensar nisso!"

**EB**: Com certeza eu continuaria mantendo essa observação. Você não precisa ser tão protetor. Você está preocupado com alguma outra coisa que escrevi?

**WW**: Você chamou Sam F. de idiota.

**EB**: Mas ele *é* um idiota!

*Post-scriptum*

[Semanas antes de Elizabeth falecer, liguei para ela em Boston. Durante a conversa, mencionei que havia feito anotações de coisas que ela havia dito para mim e durante as aulas, e li algumas para ela.]

**EB**: Elas parecem com coisas que eu diria, mas não me lembro de ter dito nenhuma delas. Fico feliz que você as tenha escrito. Algumas dessas observações são muito boas! Você se importaria de me mandar uma cópia? Se algum dia eu não tiver mais o que dizer, posso começar a citar a mim mesma. ■

# *Ouro Preto: primavera no Festival de Inverno*

**Autoria não identificada, 1969**

*Trechos de matéria publicada na revista* Visão, 1 de agosto de 1969, p. 50-51.

Pois em julho Ouro Preto como que desperta de um longo sono. As velhas pedras, quietas, de tantas recordações pesadas, reflorescem à luz de mil trajes coloridos, inesperados, e os santos, em suas cúpulas douradas, sorriem ao som de vozes novas, de vozes frescas. É primavera porque é juventude. Em massa, aos borbotões, pelas ladeiras despejada, sentada nas calçadas, pelos adros, nas igrejas. Rindo, cantando, pintando, vivendo e aprendendo arte. De todos os Estados do Brasil, do Uruguai, da Argentina e até dos Estados Unidos afluem estudantes ávidos. E atrás deles os turistas, às centenas.

Porque só não vai ao Festival de Ouro Preto quem não quer ou quem não sabe. Patrocinado pela Universidade Federal de Minas Gerais, pelo Governo do Estado e pela Prefeitura Municipal de Ouro Preto, o Festival este ano vai custar cerca de 200 mil cruzeiros novos, mas aos turistas não custa nada. Concertos, teatro, exposições, é tudo de graça e sem formalidades, de porta aberta. Os estudantes inscritos nos diversos cursos pagam apenas 200 cruzeiros novos, com direito a casa e comida. Em 1967 vieram 269, em 1968, 308, e este ano, perto de quatrocentos. Alojamentos há para qualquer bolso. Desde o requinte de bom gosto e conforto de um hotel como o Pouso do Chico Rei (obra e graça de Lili Corrêa de Araújo, essa doce e artista dinamarquesa de Ouro Preto), onde um apartamento de luxo com café da manhã custa 40 cruzeiros novos por dia, até as "repúblicas", onde se come e dorme por 8 a 10 cruzeiros novos por dia.

Ao Festival compareceu o repórter de *Visão.* Viu *ballets,* ouviu bandas, assistiu a capoeiras. Foi espectador comovido no Teatro Municipal, nas igrejas e sacristias. Conversou com os jovens, perguntou aos velhos, comeu no limpíssimo "bandejão" do Centro Acadêmico da Escola de Minas, onde uma refeição sadia e farta, para qualquer um, custa 3 cruzeiros novos. E frequentou os botecos, principalmente o "XPTO" do Chicão, essa instituição onde toda a cidade se encontra depois que os teatros fecham as portas.

Elizabeth Bishop é uma velha amiga do Brasil e das coisas brasileiras. Considerada um dos maiores poetas norte-americanos da atualidade, ganhou o Prêmio Pulitzer de poesia no ano de 1959, quando aqui já passava longas temporadas.

**Elizabeth Bishop:** Fiz a primeira viagem a Ouro Preto em 1952, antes da nova estrada. Levavam-se dois a três dias para chegar aqui. Depois passei a vir sempre, umas sete ou oito vezes. Há uns quatro anos comprei essa casa onde pretendo morar três a quatro meses por ano e o resto do tempo nos Estados Unidos.

**Entrevistador:** O que é Ouro Preto para você?

**EB:** Não sei. Gosto, simplesmente. É pequena, mas é uma cidade de verdade, viva. Gosto muito da arquitetura, gosto das igrejas. Há alguma coisa no caráter dessa cidade que combina comigo.

**E:** Sente-se presente o passado em Ouro Preto?

**EB:** Não, acho que não. Algumas poucas pessoas mais educadas se dão conta. É pena. Muitos se queixam do Patrimônio Histórico e dizem que sem a sua interferência Ouro Preto seria hoje uma cidade "boa como Belo Horizonte!" Acho que os moradores, pelo menos alguns deles, não apreciam bastante sua cidade.

**E:** Artistas continuam afluindo. [É mesmo? interrompe ela.] Há um ambiente literário, um movimento artístico em Ouro Preto?

**EB:** É difícil de dizer. Um caso engraçado. Há dois anos eu estava no Pouso do Chico Rei, Vinicius de Moraes também. Era verão, mas chovia e fazia frio, e eu, Vinicius e Lili sentamos na copa e começamos a ler histórias de detetives. A tarde inteira. Não trocamos nem uma palavra. Aí chegou *O Globo,* do Rio, com um artigo em manchete: "Movimento de intelectuais em Ouro Preto", com um retrato dos fundos da minha casa que parecia estar caindo aos pedaços.

**E:** Elizabeth, se você tivesse muito dinheiro, ou fosse do governo [ela interrompe rindo: Que governo?], que gostaria de fazer por Ouro Preto?

**EB:** Se eu fosse Rockefeller, por exemplo? Trataria de reconstruir tudo direitinho e também poria abaixo muita coisa feia que foi feita, más construções modernas. Melhoraria os hospitais e as clínicas, daria mais medicina gratuita para o povo. Minha casa é a única que tem fossa asséptica em Ouro Preto; assim, eu faria um sistema de esgoto. Também plantaria muitas árvores por toda a cidade e procuraria fazer um cinturão verde à volta.

**E:** Muitos dizem que gostariam de construir uma cidade-satélite para o povo e entregar Ouro Preto aos artistas. Que acha disso?

**EB:** Acho uma besteira. Em primeiro lugar, não há muitos artistas, seria uma cidade fantasma. Uma das coisas que eu gosto é porque ela ainda é uma cidade, não uma coisa morta. Uma das raras cidades do mundo em que até os "birutas" ainda podem viver soltos e até ganhar a vida. Além do mais, eu detestaria viver numa cidade só de artistas, ia-me embora correndo. Um em cada quarteirão é mais do que bastante. Os artistas não devem se aproximar, se amontoar demais. Uma coisa que eu tenho pena: havia um café na cidade, em frente ao cinema, mas nao há mais. É bom a gente sentar, ver gente à volta e descansar antes de voltar para casa.

Este é o primeiro Festival a que assisto aqui e não tenho visto muitas coisas. Alguns filmes velhos. Fiquei meio desapontada com alguns. Sei que deve ser muito difícil de organizar, detalhes técnicos, etc. Aos poucos vai melhorar. A cidade fica mais barulhenta, mas isso não me incomoda, boas coisas acontecem. Ontem ouvi a banda. Gosto muito de bandas e acho que a de Ouro Preto é tão boa como outra qualquer. Aliás, tem aqui três bandas muito boas. É bonito ouvir tocar a banda nos domingos, com fogos de artifícios e tudo.

Este que se realiza é principalmente um festival de música e artes plásticas. Teria sido interessante se tivesse contado com a presença de Carlos Drummond de Andrade, pois ele é o poeta de Minas.

Tudo isso está em sua poesia:

**Pela Janela: Ouro Preto**
*para Lili Corrêa de Araújo*

Conversas singelas: fala-se de comida,
Ou: "Quando minha mãe me penteia, machuca."
"Mulheres." "Mulheres!" Mulheres com vestidos
[vermelhos,

sandálias plásticas, e bebês
quase invisíveis — agasalhados, só os olhos
de fora, no calorão — que elas desembrulham

e levam até a água, e dão de beber
com mãos sujas e amorosas, aqui onde antes
havia uma fonte, e onde todos ainda param.

A água esguichava das bocas de três caras
de pedra-sabão. (Uma ria, uma chorava,
e a do meio só olhava [...]* ■

---

* BISHOP, Elizabeth. *Poemas escolhidos*. Trad. Paulo Henriques Britto. São Paulo: Companhia das Letras, 2012. p. 313. — The conversations are simple: about food, / or, "When my mother combs my hair it hurts." / "Women." "Women!" Women in red dresses // and plastic sandals, carrying their almost / invisible babies — muffled to the eyes / in all the heat — unwrap them, lower them, // and give them drinks of water lovingly / from dirty hands, here where there used to be / a fountain, here where all the world still stops. // The water used to run out of the mouths / of three green soapstone faces. (One face laughed / and one face cried; [...]

# *Poesia como* way of life

**Regina Colônia, 1970**

*Jornal do Brasil*,
6 de junho de 1970, p. 8.

A casa, enorme, foi construída em fins do século XVIII. Na cozinha, uma mulher pequena atarefada em fazer uma torta para o jantar: as mangas arregaçadas até o cotovelo, as mãos brancas de farinha de trigo trabalham a massa com determinação. Atrás dela, as janelas da cozinha abrem-se para o vale, o casario, as igrejas de Ouro Preto.

"O único problema de eu ser um poeta basicamente norte-americano e, ao mesmo tempo, viver no Brasil – diz ela – é o fato de o Correio não ser muito bom."

Mas Elizabeth Bishop é mais do que um poeta norte-americano. Ela é, segundo os críticos, um dos maiores poetas da literatura contemporânea. Entre seus muitos prêmios, estão um Pulitzer e o National Book Award de 1970.

Índias Ocidentais, Terra Nova e México figuram entre alguns dos lugares em que Elizabeth Bishop – nascida na Nova Inglaterra em 1911 – viveu antes de vir para o Brasil.

"De Ouro Preto, gosto sobretudo das coisas que são feitas aqui. Os móveis, os utensílios do século XVIII são sólidos. O clássico não me atrai, o que me importa é a durabilidade – aqui as coisas permanecem."

Estou escrevendo sentada na mesa da cozinha. Ao meu lado uma penca de alhos pende da parede de azulejos. *Aqui as coisas permanecem.* Solidez e sobrevivência voltam sempre no que Elizabeth diz. E como resultado de um processo em que, para salvaguardar o essencial, muitas coisas podem se tornar secundárias.

"Na poesia", diz ela, "as palavras são o mais importante. Toda a concentração das ideias está nela. O que permanece é o poema, e não aquilo que o motivou. Uma mulher não se deveria deixar emocionar pelo poema que alguém fizesse para ela: a celebração do poema está sempre muito mais envolvida na maneira pela qual ele faz o poema do que na mulher que o inspirou, como pessoa."

Na sala de estar, ao lado da lareira, há uma excelente carranca usada pelos barqueiros do rio São Francisco. Elizabeth viajou pela Amazônia, pelo São Francisco, esteve em Salvador, Diamantina, Cabo Frio, Parati.

"Quando viajo, meu interesse principal não está dirigido para as pessoas. O que me atrai realmente são os cenários e a arquitetura."

Robert Lowell, o grande poeta norte-americano e seu amigo há mais de 25 anos, escreveu certa vez: "Ela é por demais poderosa para uma chama esbanjada e por demais civilizada para idiossincrasias incoerentes. Quando se lê Elizabeth Bishop, entramos na serenidade clássica de um novo país."

Elizabeth Bishop tem publicados *Norte & Sul – Uma primavera fria* (que lhe deu o Pulitzer de 1955), *Questões de viagem* e *Poemas escolhidos* – pelo qual lhe foi conferido o National Book Award de 1970.

"Escrever poesia é um *way of life*. Não se trata de prestar testemunho, mas de vivenciar. Não é a maneira pela qual se *interpreta* o mundo, mas o próprio processo de senti-lo. Quando você se põe em marcha, você evidentemente *descobre* coisas, mas isso é apenas parte do processo. Por isso a poesia pode, eventualmente, transmitir alguma experiência aos leitores, mas essa está longe de ser sua finalidade. Por isso também, a poesia não pode ter influência sobre o destino de um povo. Apesar de toda boa poesia refletir sempre uma certa atitude diante da história contemporânea, faltam-lhe elementos para que ela desempenhe um papel de *propaganda*."

Elizabeth usa uma camisa rosa e calças americanas. O cabelo é todo branco, mas os olhos cinza são extremamente vivos.

"A era em que vivemos, do terrível *boom* das comunicações de massa, tem elementos para pôr em perigo a poesia tal como a conhecemos. Creio, no entanto, que haja fundadas esperanças de que não venha a sofrer os horrores que já estão sendo infligidos à música e à pintura, por exemplo. A música através das facilidades do rádio e dos toca-fitas e a pintura através das avançadas técnicas de multiplicação que permitem a qualquer um ter em casa um Van Gogh ou um Picasso. E aí reside o grande perigo – os meios de comunicação têm facilitado de tal forma a difusão das mensagens, sejam elas arte ou não, que, hoje em dia, as pessoas não sabem mais ouvir nem ver."

"A poesia tem sido tão expressivamente poupada através dos tempos, por duas boas razões: primeiro porque fazer poesia não paga e, quando paga, paga pouco. (Isso resulta em que apenas aqueles que querem fazer poesia por ela própria persistem no gênero.) E segundo, porque muito pouca gente lê poesia. O que faz com que ela não se tenha tornado popular e vulgarizada e, dessa forma, tenha escapado das distorções que poderia ter sofrido."

"E mesmo se, eventualmente, os meios de comunicação de massa viessem a tornar a poesia tão difundida quanto a música popular, surgiria provavelmente um movimento de *underground* em que os poemas voltariam – como no século XVII – a ser escritos e distribuídos em folhas de papel a um número reduzido de pessoas."

"O melhor mercado para a poesia, atualmente, é o norte-americano", diz Elizabeth. "Nas universidades, sente-se um grande entusiasmo pelo assunto. Eu mesma dei aulas de *Verse Writing* e de *Contemporary Poetry* na Universidade de Washington, em Seattle. E a poesia contemporânea demonstra um grande florescimento. Entre a geração mais velha, destacam-se Robert Lowell e Marianne Moore – esta, aliás, eu considero a maior e mais original contribuição do século XX. Entre os mais jovens, James Merill e John Berryman – estes mais abertamente políticos."

"Em matéria de poesia concreta, gosto apenas de Cummings. O único brilhante e bem-humorado, que realmente tinha algo a dizer. A poesia concreta que outros poetas fazem, acho desinteressante. Existe apenas um primeiro impacto. É um jogo de palavras, às vezes engraçado, mas inútil e impossível de ser recordado."

"Como poetas, gosto, na França, de Char e Michaux. No Brasil, de João Cabral e Drummond – não creio que haja valores excepcionais entre os novos. Os melhores poetas atuais me parecem ser os norte-americanos. Quanto ao maior poeta norte-americano, lembro-me de que, certa vez, perguntaram a Gide qual era, segundo ele, o maior poeta da língua francesa. Gide respondeu: 'Victor Hugo, *hélas*!' Eu diria que, na minha opinião, o maior poeta norte-americano é Whitman, *hélas*!"

Uma terrível reação alérgica ao caju foi o que fez Elizabeth Bishop ficar no Brasil. Em 1952, ela veio visitar alguns amigos que conhecera em Chicago, durante a guerra. Sua intenção era ir, em seguida, para a Argentina. Mas, doente, os planos se alteraram: ficou dezoito meses. Desde então, tem vivido a maior parte do tempo no Brasil – primeiro em Petrópolis, depois no Rio e, desde o ano passado, em Ouro Preto.

Elizabeth prepara atualmente um livro que reúne textos de prosa sobre o Brasil e uma antologia de poetas brasileiros a ser publicada em dois volumes nos Estados Unidos. No *The Complete Poems*, ela inclui suas traduções de poemas de Drummond e João Cabral. Seu *Diary of Helena Morley* é a tradução de *Minha vida de menina*, de Helena Morley. Traduziu também contos de Clarice Lispector, publicou artigos sobre o Brasil no *New York Times* e preparou um livro sobre o país para a série de Terras Estrangeiras da revista *Life*.

"Nos Estados Unidos, o sistema de conceder bolsas em dinheiro aos escritores ajuda muito, pois poupa o tempo que teriam de dedicar a aulas ou a fazer outro trabalho, com o fim de se manterem. Você ganha para escrever e o editor é você quem escolhe. A Rockefeller Foundation Grant, por exemplo, que ganhei para o período 1966-67, era de US$ 6 mil anuais."

"Há críticos que me classificam como *o maior poeta feminino da década*. Isso é simplesmente *ridículo*! O que tem a ver o que eu faço com o termo *feminino*? Homens e mulheres não escrevem de maneiras diferentes. Na prosa nos Estados Unidos, por exemplo, a figura máxima contemporânea é a de uma mulher – Flannery O'Connor – falecida recentemente."

"Mas, evidentemente, ainda há quem me julgue segundo esse tipo de preconceito romântico. E é preciso tomar essas pessoas com senso de humor porque, do contrário, a gente amarga a própria vida. De qualquer forma, as coisas estão mudando muito rapidamente. A geração mais jovem, nos Estados Unidos, já atingiu a igualdade dos sexos, meus alunos, por exemplo, eram formidáveis. E em todo o mundo, de modo geral, a tendência é a de superar esses preconceitos irracionais. Na América Latina talvez demore ainda, mas há de mudar."

Afirmação que faz lembrar as palavras de um crítico norte-americano, Philip Booth, sobre a poesia de Elizabeth: "Miss Bishop tem uma visão do mundo de tal forma individual que acompanhá-la consiste – felizmente – em reformular a nossa. Ela é um dos poucos verdadeiros poetas deste ou de qualquer hemisfério". ■

# *Poeta vencedora do Prêmio Pulitzer visita a Universidade de Washington*

**Eileen Fraley, 1974**

*University of Washington Daily*, 28 de maio de 1974.

*Tradução*
Cláudia Santarosa

Ser mulher não é vantagem para receber reconhecimento como poeta, de acordo com Elizabeth Bishop, vencedora do Prêmio Pulitzer. "Mas pode causar dúvida sobre o merecimento de quem recebe o prêmio", ela esclareceu.

"Não é por causa do reconhecimento em si, mas da crítica recebida. A crítica que se faz sobre poetas mulheres é geralmente injusta", disse a poeta de 63 anos.

"Você lê uma crítica bem favorável sobre determinada escritora dizendo que ela é inteligente e talentosa e você pensa que ela deve ser maravilhosa. Mas no final lê 'melhor livro escrito por uma mulher', e então tudo que pensou antes perde seu valor."

Além do Prêmio Pulitzer, Bishop também recebeu uma Bolsa Guggenheim, o Prêmio Memorial Shelley e uma bolsa de cinco mil dólares como prêmio da Academia de Poetas Norte-Americanos.

Ela lecionou aqui em Washington em 1966 e em 1973 como poeta visitante, e esteve no *campus* na semana passada para participar da 8ª edição do evento anual de leitura de poemas "Roethke Memorial". Ela é a primeira mulher a realizar a leitura nesse evento.

"Eu não sou uma militante ardorosa", Bishop afirma acerca do feminismo. No entanto, quando começou a ser publicada, nos anos

1930, ela se recusou a fazer parte de antologias femininas. "Minha recusa foi minha forma de protesto".

Ainda hoje Bishop se recusa a publicar em antologias femininas.

"As pessoas acham que sou elitista. Mas gosto das minhas antologias, como de todas as artes, misturadas: sexos, cores e raças. Arte é arte e não deveria ter nada a ver com gênero."

O evento anual "Roethke Memorial" é realizado para homenagear Theodore Roethke, que lecionou aqui de 1947 até sua morte, em 1963. Assim como Bishop, Roethke recebeu um Pulitzer. Ele ainda recebeu duas Bolsas Guggenheim.

No evento, além de ler seus próprios poemas, Bishop leu três poemas de Roethke, fazendo comentários sobre aspectos filosóficos de sua obra. Ela também falou de seu relacionamento pessoal com Roethke.

"Em algumas ocasiões, Roethke vinha a Nova York, e nós bebíamos champanhe", ela disse. "Numa dessas farras de champanhe, ele me ligou no dia seguinte. Disse que precisava pegar um trem para Seattle e perguntou se eu podia ajudá-lo a fazer as malas. Disse que nunca chegaria a tempo à estação se eu não o ajudasse. Fui ao seu hotel e lá encontrei dúzias de camisas e pijamas espalhados e uma mala enorme, das maiores que já vi..."

"Eu arrumei a mala enquanto ele recolhia os papéis. Nós chegamos ao terminal Grand Central bem na hora em que o trem estava sendo anunciado. Ele se despediu e disse 'você é rápida como uma criança fazendo travessuras'."

Enquanto relia os poemas e anotações de Roethke e preparava sua apresentação, Bishop disse ter observado três coisas sobre ele. Disse que ele era musical, métrico e rítmico, mesmo em versos livres; que ele acreditava que as formas eram úteis na escrita; e que ele era "pró-poesia".

Bishop afirma que a maioria das poesias escrita pelos jovens escritores de hoje ou é cínica, ou é irônica. "Alguém rotulou isso com antipoesia", disse Bishop. Ela citou o poema "Roman forum" de E. E Cummings ('Considere, minha querida, aquele busto') como "muito diferente do 'Roman Forum' de Lord Byron".

"Não sou contra isso (a ironia). Geralmente, as pessoas são forçadas a usá-la. Mas você vê novatos escrevendo comentários bem maldosos..."

"A antipoesia pode se tornar tão cansativa quanto Wordsworth e as belezas da natureza."

"Diferente da maioria dos contemporâneos, Roethke escreveu poesia 'convencional'. Eu acho que ele realmente era pró-poesia. Ele era abertamente poético – belo e musical."

Bishop disse acreditar que Roethke considerava lecionar tão importante quanto escrever. Mas afirmou: "Não gosto de lecionar tanto quanto de escrever. Leciono para ganhar a vida. Eu não deveria dizer isso. Gosto muito dos meus alunos, mas se me dessem um milhão de dólares, eu não seria professora."

A primeira vez que Bishop lecionou aqui foi em 1966. "Eu fiquei nesse hotel (University Tower – então Meany Hotel)", disse. "Chovia muito, e eu não conhecia ninguém. Aquela primeira manhã, antes de minha primeira aula foi a pior de todas. Mas os alunos foram bem legais e amigáveis."

Bishop diz que não pensa em com quem deseja se comunicar quando escreve um poema. "Você pensa apenas no poema (ou deveria)," disse ela. "Seus pensamentos e sentimentos estão na ponta da caneta. Eu imagino que poetas propagandistas pesam em suas propagandas, mas raramente eles escrevem boa poesia dessa forma."

O grande mistério das artes é que as pessoas realmente compreendem (o que você está tentando dizer).

Bishop confessou que nunca fica completamente satisfeita com um poema. "Mas eu sempre tento algo mais. Os poemas nunca terminam como você os imaginou."

Bishop recebeu vários prêmios e títulos importantes: Consultora em Poesia da Biblioteca do Congresso 1949-1950, o Prêmio de Poesia Houghton Mifflin, uma Bolsa Guggenheim, o Prêmio Shelley Memorial, o Pulitzer, uma Bolsa Amy Lowell, um prêmio de cinco mil dólares da Academia de Poetas Norte-Americanos e a condecoração Ordem de Rio Branco oferecida pelo governo brasileiro.

Ela disse que foi especial receber o Pulitzer e o National Book Award quando morava no Brasil. Ela sentiu que o fato evitou que as pessoas pensassem que ela morava no Brasil por não fazer sucesso em seu próprio país.

Sua atitude ao receber essas homenagens pode ser resumida na história que ela conta sobre a reação de uma pessoa quando ela recebeu o Pulitzer. "Quando recebi o Pulitzer (em 1956, enquanto morava no Brasil) houve muito alvoroço. Minha foto apareceu nos jornais, etc."

Ela conta que uma amiga foi ao mercado fazer compras e o vendedor disse ter visto suas fotos e mandou felicitações. Então, de acordo com sua amiga, ele se gabou: "Meus clientes são muito sortudos, outro dia a senhora Fulana de Tal, da rua de cima, comprou um bilhete da loteria e ganhou uma bicicleta".

Bishop, que morou no Brasil por mais de quinze anos, não pensa em retornar ao país para morar. "Eu sinto saudades (do Brasil), mas agora estou de volta, para viver em meu país". ■

# *O livro e a autora: Elizabeth Bishop*

**Anna Quindlen, 1976**

*New York Post,*
3 de abril de 1976, p. 33.

*Tradução*
Rogério Bettoni

Elizabeth Bishop sempre lidou com a falta. Seu pai morreu quando ela era bebê, a mãe enlouqueceu poucos anos depois. Ela tinha dois casais de avós: um em Massachusetts e outro na Nova Escócia, com quem passava as férias. Havia o colégio interno e Vassar. E sempre havia poesia; até que finalmente houve Marianne Moore.

"Eu queria estudar medicina", recorda Elizabeth, a poeta com cabeça leonina de primeira-ministra sobre ombros pequenos. "Mas quando me formei, eu já havia publicado diversas coisas, e acho que Moore me desencorajou [de cursar medicina]."

"A biblioteca da faculdade providenciou nosso encontro. Fui a Nova York e a encontrei sentada numa carteira na sala de leitura da Biblioteca Pública. Eu estava morrendo de medo, mas deu tudo certo. Fomos boas amigas por mais de trinta anos. Trinta anos? Sim, ela morreu há três, quer dizer, há quatro anos."

Então Elizabeth Bishop, agora aos 65 anos, exerceu poesia em vez de medicina, e a exerceu muito bem. Ganhou vários dos prêmios que sua amiga Moore também ganhara, incluindo o Pulitzer. E agora acrescentou mais um à lista: o quarto prêmio de literatura Neustadt, no valor de 10 mil dólares, concedido pela primeira vez a uma mulher, bem como a um escritor dos Estados Unidos.

"Parece que produzo um livro a cada nove ou dez anos", disse Bishop, sentada no canto de um sofá estampado no Cosmopolitan Club – "algo muito distinto", sussurra ela, batendo impacientemente no carpete com uma bengala que foi obrigada a usar por causa de um ligamento rompido.

"Nunca pensei que receberia esse prêmio, mas eles me farão recebê-lo, ao que parece. Acho que tenho de fazer duas leituras, e também um discurso. Nunca fiz discurso na minha vida e não acho que consigo. Depois recebo uma pena de águia de prata." Ela riu. "Supostamente, a pena representa a masculinidade. 'Mas no seu caso, vai ser a feminilidade', me disseram."

O prêmio parece apropriado. A poesia de Bishop tende a descrições vívidas e imaginativas da natureza, muitas vezes com rimas e métricas cuidadosas, e lições implícitas nos versos. "Acho que a geografia é o mais importante no meu trabalho, depois, os animais", disse ela. "Mas também gosto de pessoas; escrevi alguns poemas sobre pessoas".

Dois desses poemas foram escritos para amigos poetas. "Me pediram para escrever uma prosa sobre Ezra Pound, eu tentei, tentei e não consegui." Em vez disso, ela escreveu "Visitas a St. Elizabeths", um poema com a cadência do verso de uma canção de ninar. Da mesma maneira, ela escreveu "Convite a Marianne Moore", um cântico em homenagem a Nova York e à mulher "por quem os leões encantadores esperam na escada da Biblioteca Pública".

Outros de seus poemas são sobre o Brasil, onde Bishop viveu de 1951 a 1967. Agora ela mora de frente para o mar em Boston e leciona em Harvard. "Fiquei muito orgulhosa – durante muitos anos eu fui a única poeta do país que não lecionava. Mas foi uma questão financeira."

Seus alunos às vezes a encantam, às vezes a decepcionam. "Já virou clichê, está todo domingo nos jornais, mas eu fico chocada quando vejo como meus alunos leram pouco. Meus contemporâneos, os que ainda estão vivos, são extremamente cultos. A geração mais jovem agora tende a escrever em versos livres, mas me parece que os melhores poetas impõem a si mesmos algumas limitações estritas. Wallace Stevens quase nunca foge do pentâmetro iâmbico. E Robert Lowell, na última carta que me enviou, disse que está voltando à forma, que cansou dos versos livres e soltos que escrevia."

Suas influências?

"Os poetas metafísicos ingleses, principalmente George Herbert, que é meu predileto. E na faculdade, Wallace Stevens. E Marianne Moore, é claro." ■

# *Leituras em público assustam Elizabeth Bishop*

**Jim Bross, 1976**

*Norman Transcript,*
11 de abril de 1976, p. 1.

*Tradução*
Carolina Barcellos

Elizabeth Bishop, poucas horas antes de receber o Prêmio Internacional de Literatura Neudstadt/Books Abroad, da Universidade de Oklahoma, confessou estar com medo.

"Eu vou ler minha poesia aqui hoje à noite", confirmou ela, com um leve estremecimento e apenas um resquício de humor. "Não faço isso com frequência, me assusta".

Aos 65 anos, a poeta está melhorando. Sete ou oito anos atrás, ela estaria "completamente apavorada". Por muitos, muitos anos, Elizabeth foi uma das poucas, talvez a única, célebre poeta americana a recusar viagens pelo país para falar em público.

Ela ganhou um Prêmio Pulitzer por *Uma primavera fria*. Ficou também com um National Book Award pelo seu *Poemas completos*.

As exigências, a pressão por aparições públicas e leituras se multiplicaram. Elizabeth, sempre educada, recusou.

Então, em 1969, ela deu uma pequena reviravolta e marcou algumas de suas primeiras conferências em 23 anos. "Foi pelo dinheiro", ela admite.

Elizabeth concordou com algumas outras aparições nos anos seguintes. Ela veio aqui na universidade, em 1973, como artista visitante na série de apresentações Autores Contemporâneos. Ela insiste que "passou bons momentos com um bom público".

O público desta sexta-feira à noite, que a viu receber o prêmio de dez mil dólares, deve ter sido pelo menos tão receptivo quanto aquele. De acordo com quem já a conhecia, foi a primeira vez que Elizabeth se deixou ser fotografada. E, se estava com medo durante a leitura, guardou-o para si mesma.

"Estou me acostumando às leituras", ela disse mais cedo, na sexta-feira. As fotografias são outra história. Foram autorizadas apenas durante a cerimônia.

Não é uma modéstia ofensiva que leva Elizabeth a recusar fotografias e aparições públicas. Os encontros com ela são agradáveis e extrovertidos. Ela fala com entusiasmo sobre suas viagens, uma paixão que já a levou à maioria dos portos do mundo e alimenta sua escrita. Outros escritores ou simples conhecidos são capazes de iniciar uma conversa com ela facilmente.

Surpreende a essas pessoas saber que "reticente" é a palavra mais comum para descrever a poeta. "Isso me surpreende também", diz ela. "Eu não sei. Talvez seja porque não escrevo poesia confessional."

Elizabeth não escreve sobre ela mesma, embora as pessoas costumem se referir a seus poemas e contos como "surpreendentemente pessoais e de engenhosidade, percepção e sensibilidade honestas". A escrita se concentra naquelas "perspectivas e eventos especiais..." como John Ashbery, poeta norte-americano que, junto a outros, a indicou para esse prêmio, acrescenta.

Elizabeth está na estrada quase todos os anos, colecionando forças criativas. O título de seu mais recente livro de poesia, *Geografia III*, reflete precisamente sua fascinação artística. "Na verdade, me sinto sem país", ela diz sem sinal de arrependimento.

Elizabeth diz que iria "praticamente para qualquer lugar se me dessem uma passagem". Provavelmente, os únicos lugares onde ela ainda não esteve são o Ártico e a Antártida. Mas ela já está "morrendo" de vontade de conhecê-los.

Elizabeth nasceu na Nova Inglaterra, mas se mudou para a Nova Escócia para viver com uma tia aos cinco anos de idade, depois de ficar órfã. A Nova Escócia, ela se lembra com aquela característica sensibilidade regional, "é menor que a Nova Inglaterra e muito mais compreensível aos olhos de uma criança".

Ela optou por morar perto da baía em Boston – a cidade onde publicou seus primeiros poemas enquanto era editora de uma revista em sua escola.

Bishop publicou seus primeiros poemas profissionalmente – ou seja, recebendo por eles – quando já estava na faculdade, em Vassar. Lá, ela, Mary McCarthy e outras colegas criaram uma revista literária.

Aquele primeiro esforço profissional valeu 35 dólares, "ou algo aproximado", lembra Elizabeth.

"Em geral", diz ela, "eu não conheço nenhum poeta que possa viver com o que ganha. Não no início da carreira, pelo menos. Suponho que isso seja uma coisa boa. Ninguém entra nesse ramo pelo dinheiro."

"Eu tive sorte nesse quesito. Depois que publiquei meu primeiro livro de poesia (*Norte & Sul*, vencedor do prêmio de poesia Houghton Mifflin Co.), bolsas de estudos de fundações artísticas e outros tipos de fontes de recursos apareceram nas horas certas.

"Isso me manteve fora do circuito de conferências. Alguns de meus amigos foram parar no hospital por causa delas. Não é fácil."

"Depois de hoje à noite (sexta-feira), volto para a minha casa em Boston. Talvez depois, em breve, viaje para algum outro lugar." ■

# *Uma conversa com Elizabeth Bishop*

**J. Bernlef, 1976**

*Het ontplofte gedich: Overpoezie*
[O poema explodido: sobre poesia]
(Amsterdã: Em. Querido's Uitgeverrij B.V., 1978), p. 84-92.

*Tradução*
Amanda Guizzo Zampieri

Ver alguém que admiramos pela primeira vez sempre gera certa confusão curiosa. No dia 16 de junho, uma quarta-feira, em Roterdã, às duas e meia da tarde, adentrei o hotel onde estavam os poetas que participavam do encontro anual da revista *Poetry International* e a vi, sentada no saguão: Elizabeth Bishop, poeta norte-americana que eu desejara entrevistar em 1971. Naquele tempo ela não viera porque estava doente, com uma infecção, no Brasil. No entanto, com um sentimento de "nunca se sabe", mantive cuidadosamente o papel com as minhas perguntas.

Então, lá estava ela. Uma senhora grisalha de 64 anos, um tanto discreta, sentada meio encurvada no saguão do hotel com uma bolsa no colo e olhando fixamente para a vitrine do outro lado da rua, tendo em seu rosto uma expressão com a qual nos deparamos em uma sala de espera, um tipo de olhar vazio. O rosto oval, mãos e nariz roliços e o queixo duplo em forma de pera. Não pude ver seus olhos de onde eu estava.

Corri para o elevador, sem ter muita certeza se deveria ou não me aproximar dela, se queria ou não entrevistá-la. Fui ao meu quarto, peguei meu exemplar dos *Poemas completos*, no qual eu havia guardado minhas perguntas pelos últimos quatro anos. Junto com as perguntas, havia um poema que eu tinha escrito sobre o trabalho dela e – na época – traduzido para o inglês. Talvez não estivesse traduzido de forma correta, mas ainda assim era melhor do que ficar gaguejando

"Gosto dos seus poemas, acho você um dos melhores poetas que já li", embora desse no mesmo, é claro.

Quando voltei para o saguão, ela estava conversando com um dos organizadores da *Poetry International.* Sentei-me em uma poltrona adjacente.

Ela tinha olhos azuis e penetrantes que cintilavam em um tom esverdeado. Abria e fechava as mãos e parecia ouvir um tanto distraidamente o homem de barba. Quando ele finalmente se afastou, pensei comigo: "Vá em frente, é a sua chance. Vá logo". E fui até ela.

A primeira coisa que ela notou não foi a minha pessoa, mas os *Poemas completos* que eu estava carregando. Ela demonstrou surpresa ao ver que eu tinha o livro e perguntou se poderia vê-lo por um momento, para fazer uma correção. "Um erro estúpido", ela disse, enquanto pegava sua caneta-tinteiro, colocava os óculos e substituía, na página 177, "*What nothing*" por "*But no*". Em seguida ela perguntou, olhando por cima dos óculos, se eu gostaria que ela autografasse o livro. Sim, eu gostaria. Ela riscou seu nome na folha de rosto e escreveu sua assinatura acima do título com uma caligrafia pequena e fina.

Comecei a falar sobre a possibilidade de fazer uma entrevista. Ela ouviu, enquanto colocava a caneta-tinteiro e seus óculos de volta na bolsa. "Odeio entrevistas", disse. Mas, ao dizer isso, ela ria pela primeira vez, com um toque de animosidade que me fez rir de volta, murmurando "É claro". Disse a ela que eu quisera entrevistá-la antes e mostrei para ela minha lista de perguntas. Ela gostaria de consultá-las antes. Então, perguntei se poderia telefonar para ela no dia seguinte.

Na manhã seguinte, encontrei-a bem cedo no salão de café da manhã do hotel. Ela parecia, de certa forma, ter se esquecido do nosso acordo sem compromisso: ainda não tivera tempo de ver as perguntas e questionou se eu poderia telefonar para o quarto dela dentro de uma hora.

Enquanto matava tempo folheando as páginas dos *Poemas completos*, pensei nas alegrias e tristezas do ofício de entrevistador. Sessenta e quatro. Era como se eu estivesse, no fim das contas, entrevistando a minha própria mãe. De uma forma ou de outra, havia algo indecente nisso. Liguei na hora combinada e decidimos nos encontrar às três no saguão do hotel.

Estava me sentindo uma pessoa meio estúpida por ter lhe entregado a folha com as perguntas porque, é claro, eu não tinha uma cópia delas.

Às três horas eu estava no saguão, munido dos *Poemas completos* e de um gravador. Sentei e olhei para a rua, como ela havia feito no dia anterior. Deu três e quinze, depois três e meia. Fui acometido por uma alegria secreta. Eu havia tentado, mas ela não apareceu. Para sempre, eu teria quase entrevistado Elizabeth Bishop. Quando eu havia me conformado totalmente com a situação e pedido uma cerveja em homenagem ao desencontro, ela desceu de um táxi.

Foi só então que reparei que ela estava um pouco acima do peso e tinha um andar masculino. Vestia uma blusa de um castanho-claro indefinido – como chá com muito leite –, com um desenho com listras pretas, azul-marinho e azul-pavão.

Ela colocou o papel com as perguntas em cima da mesa, de forma serena. Percebi que ela havia escrito coisas nas margens em alguns pontos. "Vejamos o que posso responder dessa vez." Quando preparei o gravador, ela balançou a cabeça de forma resoluta. "Odeio gravadores. Eles me deixam nervosa."

Certo, então vamos escrever. Minha primeira pergunta foi sobre sua juventude. O fato de ela, órfã desde muito cedo, ter sido educada pelos avós maternos e paternos teria influenciado seu trabalho? A pergunta não havia sido bem formulada. Estava escrito "educada por pessoas mais velhas". Ela havia escrito em cima: "não somos todos?". Concordei com um "infelizmente, sim". Ela era alguém que, de fato, não gostava de entrevistas.

A segunda pergunta era sobre pintores. O trabalho de Bishop foi muitas vezes comparado ao de pintores: sua preferência pela descrição meticulosa, sua vigilância com o cenário, sua busca pela combinação exata de palavras para registrar tons de cores sutis, sua atenção sem fim aos detalhes.

Ela explicou que havia ido ao Museu Boymans, por isso estava atrasada. E que ficou parada um longo tempo diante das pinturas de Bosch, admirando-as.

Havia pintores que influenciaram seu trabalho?

Ela olhou para mim como se eu tivesse perguntado se um marceneiro qualquer havia influenciado o desenvolvimento do seu trabalho.

Edward Hopper? Tentei.

"A solidão da cidade. Sim, conheço seu trabalho. Mas não gosto muito dele. Não gosto muito de cidades."

Mas ele pintou muitos quadros da Costa Norte de Boston, disse eu.

"Alguns deles, sim."

"Aqueles com os faróis; são bonitos."

Como se ela ainda estivesse pensando na minha pergunta, respondeu bruscamente: "Um tio meu. Tio George. Meu avô adquiriu quatro dos seus quadros. Ele era marinheiro, assim como meu bisavô, e aos doze anos já estava pintando e construindo modelos de barco. Escrevi um poema novo sobre isso. Ele se chama 'Poema' e é sobre um de seus quadros. Já havia escrito sobre ele anteriormente".

"Você se refere ao poema 'Uma pintura grande e feia'"?

"Sim."

"Ele era um bom pintor?"

"Ele era muito ruim."

"Poema" fala de um lugar na Nova Escócia onde Elizabeth passou parte de sua infância e que ela reconhece pelo quadro. Assim como seu tio George, ela costumava ir lá para olhar para a grama, para o céu e para os pássaros. O tema do poema é a coincidência dos dois observadores que jamais estiveram na presença um do outro, mas que olhavam a mesma cena. Ela não conheceu seu tio George, mas olhar para o quadro dele os unia por um momento. Adiante, ela conta que voltou ao lugar em que, quando criança, passou um feriado navegando, e como ficou chocada ao ver que tudo havia mudado. "Aquele é um dos lugares para onde não desejo nunca mais voltar."

Talvez este seja um dos motivos de sua escrita: fazer um registro contra a mudança. Ela gosta de viajar e viajou durante toda a vida. Ainda assim (ou exatamente por esse motivo), ela está constantemente trabalhando, congelando todos aqueles movimentos em naturezas-mortas extraordinariamente delicadas, nas quais cada coisa é igualmente importante e se pode perceber sua relutância em escolher entre o importante e o não importante. Cito seu verso: "*Everything only connected by 'and' and 'and'*" [Tudo conectado só por 'e' e 'e'"].

"Não sei", ela afirma. "Talvez seja porque eu não entenda tanto de filosofia. Há alguns anos, alguém apontou semelhanças entre o meu trabalho e o do Wittgenstein."

Ergui as sobrancelhas, afirmando que não tinha entendido muito bem.

"Eu também não, mas foi o pai daquela mulher que introduziu Wittgenstein nos Estados Unidos." Pela primeira vez, nós dois rimos ao mesmo tempo. Bem, não exatamente. Foi mais como um sorriso benevolente, que às vezes termina, como sua conversa, em sentenças pela metade e se transforma em um olhar em volta.

Ela fala de um amigo que escreveu um ensaio sobre uma conhecida em comum.

"Quando estava falando com ele sobre os olhos azuis esplêndidos dela, ele me olhou com espanto. Ele nunca havia prestado atenção neles. Então, essa pessoa comentou que deve ser terrível captar tudo com tanta precisão. Pelo contrário, é maravilhoso. É claro que ele estava escrevendo só sobre si mesmo."

Tento trazer a conversa de volta à sua poesia, para saber como seus poemas acontecem.

"Às vezes rápido, às vezes devagar. A forma depende dos 'itens', das poucas linhas com as quais o poema começa."

Observo que seus poemas parecem um tanto distantes, tanto literal quanto figurativamente, exibindo, a princípio, pouca emoção.

"Emoção é essencial. A única questão é em que medida. Estou trabalhando em um *villanelle* que é emoção pura."

"E sobre seu interesse em mapas, tapeçarias e imagens da realidade?"

"O poema ao qual você se refere, 'O mapa', tem a ver com um mapa vermelho. Não há nada particularmente notável nele, mas eu estava atraída pela forma como os nomes começavam na terra e acabavam no mar. Com relação ao poema sobre tapeçaria, ele foi inspirado em uma exposição de tapeçaria medieval. E eu gosto de pintar. Há dois anos, em Chicago, houve uma exposição de autores que pintam. Duas de minhas pinturas estavam lá. Fiquei muito orgulhosa daquilo."

Pergunto sobre o estilo das pinturas.

"Um tanto simplistas."

"Algo como as do seu tio George?"

"Ligeiramente melhores, talvez."

Mais uma vez me deparo com um ser distinto que não está disposto a falar sobre si mesmo ou sobre seu trabalho. Sim, mas era esse o motivo real de minha presença.

"Sua nova coletânea, que será lançada em outubro, chama-se *Geografia III*. Por quê?"

"Penso em uma observação de W. H. Auden no *Journal to a War*, que sou incapaz de citar, mas que dizia, mais ou menos, que se pudéssemos viajar tão rápido quanto a luz, a geografia seria, de longe, a coisa mais importante para nós."

"E o *III*?"

"Gosto de três."

"E de viajar?"

"Gosto do mar e de lugares no litoral. Moramos no Brasil por vários anos, alguns deles no interior, mas estou sempre buscando a costa."

O sentido amplo dessa observação sobre "voltar para a costa" é sugerida por um olhar nebuloso. Poemas são poemas. Cabe ao leitor dar esse sentido.

"Outro dia eu estava pensando que daqui a pouco eu terei feito todas as viagens que fizera meu bisavô. Só que de uma maneira mais agradável, é claro. Há alguns anos, fiz uma viagem marítima com alguns amigos, começando no México. Havia um monte de pequenas ilhas ao longo da costa. Em uma delas, havia fileiras de pelicanos brancos, todos parados com seus bicos virados para a direção do vento. Foi muito engraçado e me lembrou Edward Lear. Hoje em dia, eles passam o inverno em Cape Cod."

Ela viajou muito, mas morou no Brasil durante vinte anos. Por que ela foi embora? Por razões políticas?

"Não volto há dois anos. Tinha amigos morando lá, mas eles já morreram. Ainda tenho uma casa lá e ela ainda tem de ser vendida. Agora moro em Boston, em um armazém no porto. Logo vou voltar para ver um desfile de veleiros antigos que, na ocasião do Bicentenário dos Estados Unidos, também visitarão Boston. É o que quero ver, sentada de frente para a janela. Mas, primeiro, saindo daqui, vou a Lisboa visitar alguns amigos. E nadar."

Pergunto sobre os poetas que influenciaram seu trabalho.

"George Herbert e Gerard Manley Hopkins. E Stevens, durante um tempo. A poesia escassa dele me agradava de certa forma, mas depois ficou abstrata demais para mim."

"E Marianne Moore? Você escreveu um poema sobre ela."

"Marianne foi uma de minhas melhores amigas. Eu a conhecia havia um bom tempo, foi uma mulher muito especial. No início, quando vim a conhecê-la, ela não sabia que eu estava escrevendo. Soube mais adiante. Mas depois que ela e sua mãe 'reescreveram' completamente um dos meus poemas, dobraram-no e marcaram-no com uma estrelinha dourada, não mostrei mais nada a ela. Ela raramente falava sobre o trabalho dos outros. E costumava trabalhar intensamente em um poema, carregando-o por todos os lados em uma prancheta, por toda a casa – pelo quarto, pela cozinha. Ela tinha uma cesta de bordado na sala de estar cheia de papéis, que eram versões de um único poema. Elas foram pobres por um longo tempo. Sua mãe foi uma mulher especial, embora um tanto estranha. Estava sempre tentando me converter, segurando minhas mãos enquanto rezava pela salvação da minha alma. Um dia Marianne escreveu um poema que não era sobre animais. Achei belíssimo. O comentário feito por sua mãe, que tinha uma voz bastante grave e falava pausadamente, foi: 'Finalmente, dessa vez você deixou o zoológico em paz'. Durante seus últimos anos, Marianne estava muito mal. Compreendê-la era difícil. E veja só, nunca conheci outra pessoa com quem pudesse conversar como conversava com ela. Em seus *Poemas completos*, ela estragou algumas coisas, o que é uma grande pena. Recentemente, estive trabalhando em um ensaio sobre a Marianne, mas ainda não consegui concluí-lo. Preciso terminá-lo."

"Desde os anos 1970 você está trabalhando na Universidade de Harvard. Como é?"

"Para ser honesta, comecei a lecionar muito tarde. Tenho de ler muita poesia, mas há alguns alunos que estão indo bem, que estão publicando. Então tenho mesmo de lecionar."

Ela examina mais uma vez minha lista de perguntas. Está claro para mim que ela pensa que já fizemos o suficiente. Ela é mais comunicativa sobre os outros do que sobre si mesma, e isso, novamente, está de acordo com sua poesia. Ela se levanta, aperta a minha mão e diz: "Estou feliz por você não ter perguntado sobre 'O peixe'".

"O peixe" é o poema que a representa em todas as antologias. ■

# *A poeta que não se veste de angústias*

**Leslie Hanscom, 1977**

*Newsday*,
6 de fevereiro de 1977, *Ideas*, p. 8.

*Tradução*
Carolina Barcellos

Não há um trono verdadeiro ao qual um norte-americano possa aspirar, mas há assentos de honra. Um deles é uma cadeira na Academia Norte-Americana de Artes e Letras, um grupo eleito de 50 membros que são admitidos nesse clube declaradamente restrito por suas proeminentes conquistas. A referência à cadeira não é apenas um modo de falar, é um assento de fato – em uma sala com ares de tribunal, abrigada em um prédio ornamentado e isolado dentro da selva urbana do Upper West Side de Manhattan.

Uma vaga é aberta apenas quando morre o ocupante de um dos assentos e seu nome é inscrito nas costas da cadeira, junto ao nome dos ocupantes anteriores (por exemplo, Frank Lloyd Wright, William Dean Howells). Com a morte de Thornton Wilder, uma cadeira ficou livre para Elizabeth Bishop. Aos 65 anos, Elizabeth é a poeta norte-americana viva mais premiada. Ela ganhou um Prêmio Pulitzer, o National Book Award e, no começo deste ano, seu novo livro de poesias, *Geography III* (pela Editora Farrar Strauss), recebeu o mais novo dos prêmios de prestígio, do National Book Critics Circle.

Praticamente a única honraria que ela não ganhou foi o reconhecimento do público – se isso for considerado uma honraria. As poetas que mais atraíram o interesse do público em anos recentes, o fizeram ao explorar questões pessoais, o que não é o caso de Elizabeth.

A emoção de sua poesia é controlada, e seu estilo é descritivo. Ela escreve menos sobre si mesma do que sobre o que vê – e que é muito. Seu amigo Robert Lowell, também poeta, já escreveu sobre sua "capacidade perspicaz e bem-humorada de colecionar o despercebido, criando algo vivaz, certo e monumental".

Elizabeth Bishop é uma mulher pequena, recolhida, de rosto cheio e agradável e cabelos grisalhos. Ela mora em Boston, mas ainda outro dia, de visita a Nova York, esteve no Cosmopolitan Club, onde os tapetes grossos a deixaram relutante, mesmo com o frio do inverno, a sequer esfregar as mãos, por medo de choques elétricos. Ela diz, que durante boa parte de sua vida, esteve acostumada a climas mais quentes. De 1952 a 1968 fez do Brasil o seu lar e ainda mantém nesse país uma casa que gostaria de vender.

Já foi dito que o Brasil deixou uma marca na poesia de Elizabeth, contribuindo com um elemento tropical e florido à severidade de uma nativa da Nova Inglaterra, mas a poesia não teve nada a ver com o motivo que a levou a se estabelecer lá. Ela lembra que estava viajando pela América do Sul quando chegou ao Brasil e quase imediatamente se envenenou, experimentando um caju. O caju, ao que parece, é de fato uma fruta, bem diferente da castanha que cresce presa nele.

"Acontece que sou uma daquelas pessoas do Hemisfério Norte", disse ela, "para quem o caju é um veneno. Durante a guerra, havia alguns aviadores norte-americanos aquartelados na parte mais ao Norte do Brasil. Descobriu-se então que um a cada duzentos homens era alérgico a caju." Violentamente doente por ter feito essa descoberta sozinha, Elizabeth precisou ficar no Brasil para se recuperar. Fez amigos e acabou comprando uma casa lá.

Na cidade de Petrópolis, onde viveu, a uns 80 km do Rio de Janeiro, ela se tornou celebridade local depois de ganhar o Prêmio Pulitzer, em 1955. "Eles dão muito mais importância para esse tipo de coisa lá", ela ressaltou. "Fiquei feliz em ganhar aquele prêmio porque, até aquela época, a maioria das pessoas parecia achar que eu não fazia nada. Depois, o homem que me vendia frutas disse a uma conhecida minha: 'Todos os meus clientes têm muita sorte. Há outra mulher que apostou na loteria e ganhou uma bicicleta'. Isso era ter fama em Petrópolis."

Nos seus anos de exílio voluntário, Elizabeth escreveu poemas e contos, organizou uma antologia de poesia brasileira e traduziu para o inglês o livro *Minha vida de menina*, de Helena Morley, as memórias de uma menina criada em um campo de mineração. Mais ao final dos anos 1960, ela começou a se sentir isolada em seu lar estrangeiro e aceitou uma oferta para retornar aos Estados Unidos e lecionar. Ela agora é responsável por duas disciplinas sobre escrita em versos em Harvard.

Elizabeth Bishop não tem ilusões sobre o tamanho de seu público. "Os norte-americanos se constrangem com a poesia, ela os deixa nervosos", disse ela. Ainda assim, suas aulas são populares. "Ah, sim", ela comentou, "ainda existem jovens que querem escrever poesia. No curso avançado que leciono, só posso aceitar 10 alunos, mas 40 ou 50 se inscrevem." O que se pode ensinar a futuros poetas? "Acho que você pode, pelo menos, melhorar o gosto pessoal deles", ela completou, "e isso é uma grande coisa, mesmo que eles sigam suas vidas apenas como leitores".

O começo de sua carreira foi aos oito anos. Elizabeth se lembra de uma manhã, quando sua avó, ao prepará-la para a escola dominical, estava limpando seus sapatos, que eram feitos de couro com a parte de cima branca. Para limpar a parte de cima, a avó usava gasolina, e para o couro, vaselina. A menininha ficou intoxicada pela rima. "Eu passei o dia inteiro entoando 'gasolina/vaselina'", Elizabeth confessou, já mais velha. "Pode não ter sido um poema, mas foi minha primeira rima".

Ela ainda gosta de rimas, mas as constrói de maneira irregular e discute os seus méritos com os alunos, que as consideram um recurso obsoleto. Ela costumava ter discussões semelhantes com sua amiga e mentora Marianne Moore, cuja dignidade entre os poetas ela parece ter herdado. "Marianne Moore costumava dizer 'Rimar é deselegante', mas ela não era consistente. Por vezes, me ligava e pedia ajuda para encontrar uma rima." Elizabeth acredita que sua amiga era autenticamente uma grande poeta, mas não consegue pensar em muitas outras entre as mulheres. Até sobre Emily Dickinson ela tem suas dúvidas – não sobre a excêntrica corajosa que obstinadamente escreveu poesia muito original para o seu tempo sem ter a esperança de vê-la publicada, mas sim aquela que se queixava repetidamente em verso. "Não me interesso", disse ela, "pela escola do 'ai, que agonia é a minha vida!'." ■

# *O olhar de David W. McCullough para os livros*

**David W. McCullough, 1977**

*Publicado originalmente em David W. McCullough,* People, Books and Book People (Nova York: Harmony Books, 1981), p. 20-24.

*Tradução* Carolina Barcellos

Quando a Modern Language Association, durante uma convenção em dezembro de 1976, começou uma longa sessão dedicada a Elizabeth Bishop e sua poesia, ela se levantou e foi até o restaurante virando a esquina. Por quê? "Primeiro", ela disse no outro dia, "não sei como alguém consegue ficar sentado em uma daquelas reuniões. Segundo, a Stage serve o melhor picadinho de carne de Manhattan".

Em 1969, quando ganhou nos Estados Unidos o National Book Award por uma obra prematuramente chamada de *Poemas completos*, ela estava no Brasil (onde morou por 16 anos) e ficou sabendo do prêmio pela polícia. "Voltei das compras e do lado de fora da minha casa estavam dois homens de uniforme, um com um monte de fitas douradas e o outro com um capacete de lata. Os dois bateram uma espécie de continência e me cumprimentaram. A minha empregada quase morreu de susto."

Ela acabou de vencer o National Book Critics Circle Award por sua coletânea de poemas, *Geografia III*, e viajou de Boston a Nova York para receber o prêmio. Para muitos dos críticos na cerimônia, foi a primeira chance na vida de ver uma das figuras lendárias da poesia norte-americana moderna, uma mulher cuja poesia é aberta e acessível na mesma medida em que ela mesma é tímida e reticente.

"Já andei por toda a Costa Leste", disse quando nos encontramos recentemente; "morei da Nova Escócia a Key West, mas, ao que parece, nunca vivi tempo suficiente para fazer parte de um 'grupo' de poesia, e quando estava no Brasil não havia nenhum desses grupos perto de mim. Fui amiga de Marianne Moore e Robert Lowell, mas não fiz parte de nenhuma escola".

Ela parece se divertir com o fato de que tanto Marianne quanto Robert tenham se tornado uma espécie de reparadores compulsivos, que modificam o tempo todo os próprios poemas mesmo depois que são publicados. "Todo aquele trabalho nunca me interessou", ela diz, "mas a maior influência de Marianne sobre mim foi a sede por precisão. Ela fazia o impossível para executar um trabalho do jeito certo." Para "Crusoé na Inglaterra", em *Geografia III*, Elizabeth pediu a um amigo que visitasse uma fazenda de cabras para descobrir como elas abrem os olhos, e para "O alce", procurou por mapas nas bibliotecas de Boston e de Harvard para descobrir o nome de um pântano específico da Nova Escócia. Ela finalmente encontrou o que procurava em um sebo nas Bermudas, entre as memórias amareladas de um missionário do século XIX. Ainda assim, ela não leva a sua busca por exatidão factual ao pedantismo extremo. "Na sala de espera" descreve um exemplar da revista *National Geographic* que ela leu enquanto esperava pelo dentista em 1918, uma edição de fevereiro. "Só por curiosidade, fui conferir depois e vi que tinha combinado as edições de fevereiro e março, mas não modifiquei o poema. Estava bem do jeito que estava. Acho que Robert Lowell pensa que vou muito longe com essa mania de precisão. Quando me deu o seu manuscrito para ler, ele disse: 'Ah, você só vai ver erros.'"

O poema que os jurados do National Book Critics Circle escolheram para menção especial foi "O alce", que mistura os fatos de uma viagem de ônibus da Nova Escócia para Boston com memórias de infância. "É um dos poucos poemas de que meus parentes canadenses gostaram", completa ela. Embora tenha nascido em Massachusetts, Elizabeth passou seus primeiros anos com os avós na Nova Escócia. "Foi escrito em pequenos pedaços e fragmentos partidos ao longo dos anos e, finalmente, tudo fez sentido. Depois que o li em público pela primeira vez, em Harvard, um dos alunos disse: 'Para um poema, até que não foi tão ruim'".

Um dos poemas mais comoventes do livro tem como refrão: "*The art of losing isn't hard to master.*" [A arte de perder não é nenhum mistério]* e menciona três "casas amadas". "Sim, uma em Key West, uma em Petrópolis, a Oeste das águas cariocas, e uma em Ouro Preto, também no Brasil, diz ela. "A casa de Ouro Preto foi construída em 1690, e da porta da frente avistávamos sete igrejas barrocas. Eu a chamava de casa Mariana, em uma homenagem a Marianne Moore e porque ficava na estrada para uma cidade chamada Mariana. Quando parti, retirei da porta a placa com o nome da casa. Há tantos lugares para onde nunca voltarei. Eu mudo, os lugares mudam. Eu tinha receio de voltar para a Nova Escócia, mas fui lá há algum tempo, e nada havia mudado." ■

---

* BISHOP, Elizabeth. *Poemas escolhidos.* Trad. Paulo Henriques Britto. São Paulo: Companhia das Letras, 2012. p. 362. — The art of losing isn't hard to master.

# *A poesia que nasceu do sofrimento*

**Beatriz Schiller, 1977**

*Jornal do Brasil*,
8 de maio de 1977, p. 22-23.

A "poeta dos poetas", o "mais refinado talento da literatura norte-americana", Elizabeth Bishop, tem fama de escorregadia. Seu telefone não consta do catálogo e ela não para em sua sala na Universidade de Harvard. Movediça ela o é, e com certeza. Viajando pelo mundo, de Norte a Sul, ela veio parar no Brasil em 1951, trazida por uma das várias bolsas recebidas por sua obra. O plano original era descer a América do Sul até o estreito de Magalhães. Mas, ao chegar ao Rio para ver amigos, entre os quais Lota de Macedo Soares, que conhecera em 1942, em Nova York, apanhou "uma alergia ao suco de um caju". Ficou para tratar.

Durante 20 anos, e a partir da alergia, ela morou no Brasil e compartilhou com a amiga Lota a casa da Samambaia – que começaram juntas a construir – e o apartamento do Rio. Depois viveu em Ouro Preto e até hoje tem uma casa mobiliada naquela cidade. Várias de suas poesias nasceram no Brasil e descrevem nossa paisagem e os elementos humanos – e desumanos – que ela contém. Elizabeth Bishop, ao contrário de muitos estrangeiros, não pintou um Brasil exótico, mas íntimo e sentido.

Sua obra é pequena, suas poesias, curtas. Os prêmios, muitos. Pulitzer de poesia (1956); Merril-Ingram (1968); da Academia

Norte-Americana de Artes e Letras (1950); National Book Award (1968); Ordem do Barão do Rio Branco (1969) e Prêmio Internacional de Literatura Neudstadt/Books Abroad (1976). A revista *World Literature Today* dedicou a Elizabeth Bishop 50 páginas de críticas literárias, escritas por Octávio Paz, John Asherbery e outros cobras da literatura.

Enquanto isso, Elizabeth continua em sua rotina. Hoje, aos 65 anos, mora novamente em Massachusetts, onde nasceu. Vive num edifício antigo, armazém do cais do porto transformado em residência. Dá dois cursos em Harvard, um de Prosa, outro de Poesia. Entre os trabalhos não publicados, tem uma coletânea de pequenas peças de prosa sobre o Brasil, contando suas viagens – uma delas com Aldous Huxley, até o Amazonas – e falando de suas experiências, da música e da arquitetura brasileiras. Alguns (poucos) de seus poemas estão traduzidos para o português. Muitos foram vertidos para o espanhol, o russo, o francês, o italiano, o árabe, o japonês e o dinamarquês.

Além de espalhar pelo mundo o seu Brasil poético, Elizabeth Bishop levou também aos Estados Unidos um pouco da nossa literatura e de nossa arte. Com Emanuel Brasil, compilou e editou *An Anthology of Twentieth Century Brazilian Poetry*, indo de Manuel Bandeira a Ferreira Gullar. Traduziu *Minha vida de menina*, de Helena Morley, e *Arquitetura moderna brasileira*, de Henrique Mindlin. Atualmente trabalha, ainda com Emanuel Brasil, na segunda antologia de poesia brasileira, que abrange de Ferreira Gullar até os mais novos poetas, com os quais está sempre atualizada.

"Meu pai morreu quando eu tinha oito meses. Minha mãe enlouqueceu quando eu tinha quatro anos. Fiquei sozinha. Uma tia, irmã de minha mãe, casada e sem filhos, cuidou de mim. Depois, fiz o curso colegial, como interna, e fui mais tarde para a universidade, em regime de internato."

Elizabeth Bishop formou-se na aristocrática Vassar College, em 1930. Em uma semana já estava acostumada com o internato, embora se sentisse muito só. Nas férias, ia ao Nautical Camp for Girls, em Cape Cod, velejar. Desde pequena, ela sempre sofreu de alergias, asma, enxaquecas. Durante toda sua vida, alternou períodos de relativa saúde com longas hospitalizações.

"Agora mesmo não estou bem. Tive de tomar cortisona devido à alergia e estou muito inchada."

Aparentemente, Elizabeth acostumou-se ao sofrimento e não o transformou em raiva do mundo, como acontece com algumas pessoas. Sua poesia é indiscutivelmente leve, otimista.

"Sou uma pessoa realmente otimista. Pelo menos na superfície. Só uma vez por ano fico deprimida, mas não dura muito. Acho que os brasileiros são muito dados a depressões, muito temperamentais."

E qual é o seu segredo para não se tornar uma pessoa triste?

"Acho que com o passar do tempo a gente se estabiliza. Aliás, não é verdade. Nesta semana mesmo tive uma grande depressão. Minha médica veio me visitar e trouxe com ela todo o meu caso médico, toda a minha vida desde menina. Foi mais forte do que eu. Mas não quis deixar a tristeza transparecer e nos divertimos muito, passeamos. E é claro que, dando aulas como estou fazendo agora, tenho de manter uma fachada alegre. Olhe, os americanos da Nova Inglaterra são grandes hipócritas. Faz parte da tradição a gente não revelar os sentimentos. Mas às vezes eu mostro."

Sua poesia é precisa, tudo é dito com poucas palavras e grande intensidade. Mas ela não gosta de falar de sua obra. Prefere generalizar.

"Os poetas de minha geração têm grande liberdade de escolha. Podem rimar ou não. Eu uso o que me parece funcionar melhor. Sem ter a ver com o tema. Por vezes mudo no meio. Começo um poema e anos depois vejo que não gosto dele da maneira como foi feito. O que começa sendo um poema frequentemente termina sendo outro."

Elizabeth Bishop é inimiga de fórmulas e esquemas.

"Alguns poetas sentem necessidade de usar mais truques para se exprimirem do que eu. Talvez seja porque tentam exprimir algo de dentro para fora. Suas... como chamarei... almas. Eu não. Sou mais impessoal, sempre fui. É certo que algumas pessoas me chamam de gelada. Não concordo. Mas sem dúvida sou diferente dos que gostam de poesia confessional."

Elizabeth Bishop escreve geograficamente: *Norte e Sul, Uma primavera fria, Questões de viagem, Poemas completos* e *Geografia III* são algumas de suas obras. E, em todas, o meio-ambiente em que o homem vive prepondera sobre seu universo interior.

"Acho que essa história de poesia confessional começou com Robert Lowell. Mas a onda está esmorecendo. E Lowell, apesar de tudo, falava de sua família. Não era histericamente emocional, como muitos que vieram depois."

E os novos poetas? Quais as tendências atuais da poesia contemporânea?

"Temos tanta gente nesse país. A diversidade é uma característica americana. Há, sem dúvida, muita coisa acontecendo. Eu diria que algo de muito importante é a quantidade de traduções que abrem nossos olhos às culturas estrangeiras. Há dois ou três grandes projetos na Universidade de Columbia e na Universidade do Texas, por exemplo, em que se estão investindo grandes quantias de dinheiro para traduzir poesia e prosa. A literatura brasileira está se tornando mais conhecida aqui e creio que mereço crédito por difundi-la. A *Antologia de poesia brasileira* está em sua quarta edição. Marx Strand, outro poeta, acaba de traduzir um livro de Manuel Bandeira. Quanto a mim, só traduzo um poema quando sinto que ele pode funcionar em inglês, guardando métrica e ritmo."

Em alguns de seus poemas sobre o Brasil, há expressões tiradas indiscutivelmente do português. Em "Chegada em Santos", após descrever o porto, ela diz: "*We leave Santos at once./We are driving to the interior*". ("Saímos de Santos imediatamente. Viajamos de carro para o interior"). "Viajando para o interior", em português, é expressão corriqueira. Em inglês, e no caso especial de Elizabeth Bishop, que sempre viveu junto ao mar, toma um sentido diferente: viagem para dentro de si, para dentro da terra. Essa frase foi citada por muitos críticos. Por que ela a teria usado? Elizabeth sorri:

"Porque era uma boa rima. Eu não falava português, apenas entendia um pouco graças ao espanhol que aprendera no México. Com meus amigos brasileiros, era impossível aprender português, todos falavam ótimo inglês. Fiquei compreendendo a língua, mesmo, na cozinha."

Elizabeth Bishop me oferece um cafezinho. Por um momento me sinto no Brasil. Móveis e objetos brasileiros, talhes de madeira, balangandãs, uma grande figa pendurada na porta. Muitos livros na estante e, em cima das mesas, livros de navios, conchas, animais.

"Não sou uma pessoa verbal, não sei falar muito bem. Sou uma observadora, e uma das coisas que gosto de observar é a natureza. Adoro zoologia. Também devo lhe dizer que não gosto de conversar sobre literatura. Só quando é para resolver um problema específico."

A conversa fica difícil e, por um momento, tem de se arrancar a saca-rolhas. Elizabeth Bishop não procura frases bonitas nem se propõe a expor teorias.

"O português não influenciou minha escolha das palavras. O latim sim. Estudei grego também. Gosto muito de palavras e adoro dicionários. Meu sonho é ter um *Webster* completo, em 13 volumes. Só que custa caro demais."

Elizabeth atravessou de barco o rio São Francisco, em 1966. Guardou um diário de viagem.

"Adoro viagens monótonas. Oito dias de barco, indo tão longe quanto possível. O rio São Francisco está desaparecendo porque estão usando todas as quedas-d'água para hidrelétricas. Já não são muitos barcos, e a água está ficando rasa."

Ela foi à Bahia e ao Amazonas. E voltou às serras do Estado do Rio.

"Gosto do campo. Adorei viver em Petrópolis. Lugar ideal. Às vezes ficávamos um pouco chateadas e íamos para o Rio. Não que o Rio na época tivesse muito a oferecer em termos de cinema e compras. Também gostava de ir a Cabo Frio. Passávamos nossos natais naquela cidade."

Na poesia de Elizabeth Bishop ainda é possível vislumbrar um Brasil que está desaparecendo. "O triste canto da madeira, em duas notas / de tamancos disparatados / ressoando descuidados sobre / o chão manchado de graxa de uma bomba de gasolina" (Posto de gasolina"*). Em "Canção do tempo das chuvas", ela canta a Samambaia, oásis de uma era que iria se acabar: "Alegre-se! Pois o tempo que virá será diferente"**. Na verdade, a fragilidade da vida, ela já a conhecera muito cedo, desde menina.

Elizabeth Bishop morava em Petrópolis quando recebeu o Prêmio Pulitzer de poesia:

"Vou contar uma história muito engraçada. A notícia saiu nos jornais, o que foi muito bom porque alguns amigos brasileiros duvidavam que eu fosse uma poeta de verdade. Afinal, se eu sabia fazer poesia, por que estava no Brasil? Acho que os brasileiros acreditam

* "The sad, two-noted, wooden tune / of disparate wooden clogs / carelessly clacking over / a grease-stained filling-station floor" (Questions of Travel).

** "Rejoice! For a later / era will differ." ("Song for the Rainy Season").

muito mais em prêmios do que os americanos. Bem, na ocasião saíram algumas fotos, horríveis por sinal, num jornal do Rio. Minha amiga Lota foi ao nosso verdureiro fazer compras. Ele comentou: 'Aquela moça no jornal não era a dona Elizabeth?' Minha amiga explicou que sim e que eu ganhara um prêmio de poesia. O verdureiro fez um muxoxo e sacudiu a cabeça: 'Veja se não é fantástico! Todas as minhas freguesas têm tanta sorte! Essa é a segunda. Na semana passada, dona fulana entrou num sorteio e ganhou uma bicicleta!' Adoro essa história, é maravilhosa."

A vida brasileira, mais descontraída na época, teria lhe permitido uma calma que não poderia ter tido nos Estados Unidos?

"Pude trabalhar no Brasil porque não tinha distrações. E pela primeira vez em minha vida consegui um escritório só para mim, tranquilo, com todos os meus livros, no meio do arvoredo. Só nos fins de semana tínhamos visitas."

Quando criança eu ia muito a Samambaia. Lembro-me de entrar pé ante pé na casa de vocês e ouvir os amigos do bairro dizerem: "Aqui moram duas mulheres estranhas que nunca saem de casa".

"Não é verdade, que garotos exagerados! Não íamos a festas todos os dias, mas tampouco éramos eremitas. Tínhamos muitos amigos. Alguns, como Carlos Lacerda, eram vizinhos do próprio bairro. Outros vinham de mais longe. Manuel Bandeira subia para comer minhas guloseimas, tinha um fraco por doces. Chegou a me dedicar um poema, o único que fez em inglês: "*I wish I had two bellies / because of your good Jellies.*" Ele me disse que, como essas duas linhas eram muito fortes, não pôde pensar em nada mais para escrever a seguir."

Burle Marx, Aldous Huxley, Marianne Moore, Robert Lowell, John Dewey, Ezra Pound, Octávio Paz foram seus amigos. Agora, no entanto, são poucos, a maioria já morreu:

"Só tenho um grande amigo, cujos pais também foram amigos meus, Ricardo Xavier Logo Strinberg, de 27 anos, que se formou em Berkeley, escreve em português e sobretudo em inglês. Ele está se revelando um poeta. Estuda em Harvard, e nos vemos o tempo todo. Em maio vamos fazer juntos um programa para um colégio perto de New Bedford, onde a população é quase toda portuguesa. Ricardo toca violão. Vamos ler e cantar poesia brasileira, no original e traduzida para o inglês."

E no Brasil, quais são seus poetas preferidos?

"Acho a poesia brasileira maravilhosa, muito melhor, aliás, do que a prosa, em minha opinião. Gosto muito de Carlos Drummond de Andrade e de João Cabral de Melo Neto. Mas com isso não digo que não gosto dos outros. Há muitos poetas talentosos no Brasil. Na última geração ouvi dizer que há influência americana, mas de um modo geral os brasileiros são muito influenciados pelos franceses. Mas não gosto de generalizar. Não se pode falar do modo de pensar brasileiro porque a mente carioca é totalmente diferente da paulista ou da mineira."

Que impressões, de maneira geral, lhe deixou o Brasil?

"Não tenho teorias sobre o Brasil, como muita gente. Logo que cheguei, sim, as tinha e eram impressões agudas. Aos poucos foram se desvanecendo. O Brasil virou minha casa."

E a casa de Petrópolis?

"Não quero voltar a ver nossa casa de Petrópolis. Nunca mais. Quero também vender minha casa de Ouro Preto. Eu comecei aqui e é normal acabar aqui, em Boston."

Lota de Macedo Soares morreu. Morreu também o gato *Tobias*. Elizabeth aceitou lecionar em Harvard.

"Não foram as mudanças políticas brasileiras que me fizeram partir. Foi simplesmente o fato de ter aceitado um emprego. Durante muitos anos tive o prazer de ser o único poeta americano que não dava aulas. Tinha algum dinheiro quando fui ao Brasil, a vida era mais barata, coisa, aliás, que mudou. Recebi muitas bolsas. Cada vez que pensava em parar no asilo da pobreza, alguma coisa acontecia. Gostei muito de ser convidada para lecionar em Harvard, mas no ano que vem vou parar. Estou velha demais para dar aulas, tenho 65 anos. Poderia continuar se fosse catedrática, mas não possuo diploma para o cargo. Mas já me convidaram para outro trabalho. Vou dar cursos na Universidade de Nova York. Tomarei a ponte-aérea duas vezes por semana."

Como você se preparou para ser poeta?

"Estudei música, depois mudei para inglês, literatura, latim, grego, zoologia. Não sei qual das matérias me ajudou mais. Nunca frequentei cursos para aprender a escrever. Aliás, na minha época não existiam, é novidade de agora. Digo a meus alunos que em vez de aprenderem a escrever poesia fariam muito melhor se estudassem latim e grego. Quase nenhum deles estudou Latim. Antes era obrigatório. Acho que, embora não seja essencial, afia seu domínio de outras línguas. As universidades deviam ensinar coisas que podem ser ensinadas. Acho uma bobagem ir à universidade para aprender a ser criativo."

Mas atualmente nos Estados Unidos há cursos de criatividade, desde o jardim de infância e pós-graduação.

"Sou totalmente contra. Acho que os alunos devem aprender matérias como línguas, ciências, e, até certo ponto, literatura. São as ferramentas com as quais trabalharão depois. E olha que não devia dizer isso porque tiro meu pão com manteiga das aulas que dou."

Como você dá seus cursos de poesia?

"É muito difícil. As classes são pequenas, de 10 alunos. Para se matricularem, apresentam seus poemas. Eu os leio e imagino quem será mais inteligente. É impossível calcular isso, é horrível. Mas no último trimestre tive uma turma muito boa. E sou muito severa. Dou deveres de casa. Alguns professores não o fazem, mas eu faço. Dou uma lista de trabalhos que devem ser entregues semanalmente. Às vezes sugiro um tema, às vezes uma forma. Ou mando transformar um poema atual em antigo."

Como é que uma pessoa decide estudar poesia, ser poeta?

"A maioria não quer ser poeta, mas sim dominar essa forma de expressão. Tenho um aluno irlandês que tem muito jeito para versos cômicos. Escreveu três peças num ano. Provavelmente irá para o terreno das comédias musicais. Em meus sete anos de ensino, tive três alunos realmente talentosos, poetas, o que é maravilhoso, uma boa média. Um já publicou um par de poesias. Tenho outro aluno excelente que com toda certeza poderia publicar um livro."

Contra rotulações e simplificações, Elizabeth Bishop também não gosta de julgar um poeta pelo conjunto de sua obra.

"Alguns poetas, talvez por serem mais competitivos, querem arrumar tudo em ordem numérica. Os estudantes também tendem a fazer isso. Eu os desencorajo. É preferível descartar o que é ruim, guardando o interesse no que é bom em cada poeta, do que pô-los uns contra os outros." ■

# *Uma conversa com Elizabeth Bishop*

**George Starbuck, 1977**

*Ploughshares,*
v. 3, n. 3 e 4 (1977), p. 11-29.

*Tradução*
Carolina Barcellos

Um fim de tarde cinza de inverno. Elizabeth Bishop, vestida casualmente com uma camiseta de Harvard, recepciona o entrevistador e responde polidamente as perguntas sobre um deslumbrante espelho de moldura dourada na parede de sua sala. Sim, é de Veneza, aquelas pequenas estátuas *blackamoor* são venezianas, mas foram compradas em um leilão no Rio de Janeiro. O entrevistador, certo de que essa não era pergunta para uma de suas poetas favoritas, trata de preparar o gravador sobre uma mesinha de canto e saca uma pergunta ensaiada. Uma vastidão encantadora de livros cobre a parede atrás do sofá. E logo veio o riso. Uma memória querida, a lembrança de algum traço estranho ou extravagante de alguém que ela conhece e de quem gosta, acorda Elizabeth. O riso é rápido, aguçado, profundo. Não há como transcrevê-lo.

**George Starbuck:** Eu pesquisei e encontrei o livro de viagens que você escreveu sob encomenda para a série *Time-Life Books*. Há geografia lá também. Você conta coisas tão interessantes sobre a história do Brasil.

**Elizabeth Bishop:** Não consigo me lembrar de muita coisa daquele livro; na verdade, prefiro não lembrar. Foi editado pela *Time-Life Books*, e eles fizeram muitas alterações. Eu queria usar fotos diferentes e em maior número. Há uma – de Dom Pedro e sua comitiva oficial – tirada diante das Cataratas do Niágara? Bom, havia mais daquela viagem. Mas acho que aquela é muito irônica. Ele viajou um bocado nesse país. Mas no Brasil ele nunca foi às Cataratas do Iguaçu, que são – sei lá quantas – dez vezes maiores que as do Niágara... Isso foi em 1876, e ele foi visitar a Exposição do Centenário, na Filadélfia. Alexander Bell estava lá com seu telefone – um rapaz novinho, cuja invenção mal havia sido usada até então. Dom Pedro encomendou telefones para o palácio de verão em Petrópolis. Ele achou que as mulheres de sua Corte não tinham muito que fazer, então levou para cada uma delas uma máquina de costura Singer – presente esse que não as agradou muito. Você leu nesse livro que Longfellow ofereceu a ele um jantar em Cambridge?

**GS:** Sim, e também que Dom Pedro gostou de Whittier e traduziu alguns de seus poemas para o português.

**EB:** Procurei essas traduções. Pensei que seriam os poemas abolicionistas de Whittier, porque Dom Pedro era contra a escravidão. Mas não, nada disso. Eram poemas sobre pássaros, sobre a natureza.

Whittier era muito tímido, e no jantar de Longfellow, Dom Pedro, que media pouco mais de 1,83 m, forte e bonito, tentou, no melhor estilo brasileiro, abraçá-lo duas vezes – e o pobre Whittier ficou aterrorizado.

**GS:** Você aceita uma tarefa como aquela da *Time-Life Books* e a torna completamente sua. [Elizabeth corrige: não completamente; digamos que dois terços.] Sempre pareceu que você não via a hora de contar aquelas histórias. Você é desse jeito com traduções. Descobri algo. Folheei o seu livro *Geografia III,* sem prestar atenção ao índice, e parei no poema sobre Joseph Cornell, sem me dar conta de que era uma tradução de Octavio Paz.

**EB:** É um poema magnífico em espanhol.

**GS:** E em inglês! O que pensei foi isso: estava lendo o *seu* poema sobre Joseph Cornell. Paul Carroll tem um lindo sobre aquelas caixas *Medici Slot Machine* de Joseph Cornell. Eu aqui pensando "Elizabeth Bishop fez um poema ainda melhor sobre Cornell", então, viro a última página e vejo que é uma tradução.

**EB:** É claro, achei que deveria ter posto o nome de Octavio Paz no começo e fiz isso a princípio, mas não ficou bom. Havia o título, a dedicatória, e o nome do autor pareceu muita coisa, então, decidi colocá-lo no final.

**GS:** Então, você escreve bons poemas sobre pinturas e outras artes. Tem um poema no *Geografia III* sobre perceber uma pintura que tinha sido vista, mas não realmente notada...

**EB:** No meu primeiro livro, tem um poema chamado "Uma pintura grande e feia"; aquela pintura era do mesmo tio-avô, feita quando ele tinha 14 anos. A família dele era muito pobre na Nova Escócia, e ele foi para o mar trabalhar como camareiro. Logo depois pintou três ou quatro grandes obras, memórias do Extremo-Norte, Belle Isle, etc. Eu amava todas, embora não sejam pinturas muito boas. Uma tia possuía várias. Tentei convencê-la a me vender as pinturas, mas ela nunca quis. Então, meu tio-avô George foi para a Inglaterra e se tornou um pintor "tradicional" bem conhecido. Em 1905, acho, ele voltou para a Nova Escócia para passar o verão e visitar sua irmã, minha avó. Ele esboçou vários desenhos e deu "aulas de arte" para minhas tias, minha mãe e outros. Eu acabei herdando um pequeno desenho ("Mais ou menos do tamanho de uma nota antiga de um dólar"), aquele que descrevo. Helen Vandler escreveu um artigo ótimo no qual ela fala sobre esse poema. Você usa este gravador para gravar músicas, leituras, coisas assim?

**GS:** Esta é a segunda vez que o uso para alguma coisa.

**EB:** Tentei fazer várias cartas no Brasil desse jeito, gravando. Mas desisti.

**GS:** Já ouvi sobre gente que tenta escrever com ela. Richard Howard treinou para traduzir usando um gravador. Ele estava trabalhando nas memórias de De Gaulle e todos aqueles *nouveaux romans*. Livro após livro, como trabalho remunerado. Ele disse que se disciplinou para fazer tudo em duas, no máximo três leituras sem parar, lendo em francês e falando em inglês para o gravador e depois alguém datilografava e revisava tudo.

**EB:** Não sabia que esse era o jeito dele. Quantos foram? 127 livros? Traduzi *um* livro brasileiro que não era muito extenso, o diário de uma menina. Provavelmente está cheio de erros, porque foi uma das primeiras coisas que fiz. Eu tinha começado a ler fazia pouco, tentando aprender português. Alguém sugeriu, e eu comecei. Era doloroso. Comecei escrevendo em um caderno amarelo grande, e depois de um terço do trabalho feito eu consegui pegar o estilo da menina, ou pensei que tinha. Então comecei a traduzir o resto do livro diretamente na máquina de escrever. Levei três anos, mais ou menos.

Algumas pessoas conseguem escrever poesia assim, na máquina. Acho que Williams fazia assim, me contaram.

**GS:** Alguns poetas escrevem tão naturalmente, que ficamos assustados! Tínhamos uma vizinha, uma enfermeira muito jovem do hospital Massachusetts, em Boston. Hospital geral, talvez quarenta anos atrás. Ela me contou essa história uma vez, perguntou se eu já tinha ouvido falar de uma pessoa esquisita que trabalhava com ela. Um médico estranhíssimo de lá costumava dar seus poemas a ela, poemas que ele tinha rabiscado no verso de receitas, papel higiênico, tudo, e pedia a ela que os datilografasse. Ela se sentava em um banquinho no banheiro do corredor, o único lugar onde não ficava no caminho dos outros, e datilografava tudo com a máquina de escrever no colo.

**EB:** Era...?

**GS:** Sim, era Merrill Moore. Ele também costumava repetir sonetos em voz alta para um ditafone enquanto dirigia. Quer dizer, ele tinha cem mil sonetos para escrever. Não foi isso tudo no final?

**EB:** Ela gostava dos poemas, dos sonetos, quando os recebia?

**GS:** Ela não sabia. Não supunha nada.

Não entendo como é possível traduzir poemas assim, de forma rápida, falando para o gravador. Há um no qual você parece ter descoberto algo brasileiro que serve muito bem ao estilo das antigas baladas inglesas. O poema "Brothers of Souls! Brothers of Souls!".

**EB:** Ah, sim. Aquele poema "Severino" é apenas uma parte de uma peça natalina muito extensa. Eu vi a encenação. Nunca fiz muitas traduções, quase nunca encomendadas, mas uma vez ou outra algo parece ir para o inglês. Tem um poema naquele livro, "Travelling in the family" [*Viagem na Família*] (Carlos Drummond de Andrade) que ficou muito bom, acho. A métrica é quase exatamente a mesma. Nada tinha de ser mudado. Nem mesmo a ordem das palavras. É certo que a ordem das palavras, naturalmente, terá de ficar diferente, mas esse acabou ficando bem. Escrevi e perguntei a Carlos Drummond de Andrade se poderia repetir uma palavra em vez de escrever o verso da maneira que ele fez, e ele escreveu de volta que sim. O português tem um sistema métrico muito diferente, muito parecido com o francês. Mas, às vezes, um poema passa bem para o inglês.

**GS:** Estou curioso sobre um poema seu que parece transcorrer muito suavemente: "O alce".

**EB:** Eu comecei esse poema há uns vinte anos – odeio dizer há quanto tempo. Eu tinha o começo, o incidente com o alce, aquilo realmente aconteceu; e o finalzinho; e o poema ficou por aí, esperando.

**GS:** A versão parcial dele não incluiu o outro grande movimento ou tema: a conversa em sonho, levando você de volta à conversa íntima entre os avós?

**EB:** Sim. Sim, sempre tive aquilo. Tinha escrito em anotações sobre a viagem. Tenho certeza de que já aconteceu com você, em aviões, trens ou ônibus. Sabe? Está meio dormindo, meio acordado. Acho que nesse caso em particular foi porque todos estavam falando naquele sotaque da Nova Escócia, estranho, mas familiar, embora eu não conseguisse entender muito do que as pessoas estavam falando. Mas sobre o alce: isso acontece. Um amigo me escreveu sobre um encontro como aquele, com um veado macho. Ele fez exatamente a mesma coisa, cheirou o carro todo. Mas naquele caso, em vez de desaparecer como o alce fez, ele perseguiu o carro por quase dois quilômetros.

**GS:** Você obviamente gosta de saber e de usar seu conhecimento geográfico sobre as coisas. Você sabe a linguagem de cor, e tem conhecimento sobre coisas em particular, mas deixe-me desconcertá-la: eu admiro a filosofia dos poemas, a moral deles.

**EB:** Eu não sabia que tinham uma moral...

**GS:** Tudo bem, tudo bem. Mas o poema que termina o livro – "Cinco andares acima". A forma como o "grande peso" de uma manhã se transforma, levemente, em nossa antiga falta de inocência: a depressão de ter um passado e do que é recorrente: "Ontem se fez hoje com tal leveza! / (Um ontem pra mim quase impossível de levantar.)"*

**EB:** Sim, parece que um número considerável de pessoas gostou daquele poema...

**GS:** Sou péssimo nisso.

**EB:** Tem de ser uma experiência que todo mundo teve. Sabe, sobre o meu primeiro livro, um amigo e admirador acabou dizendo: "Mas você não tem filosofia nenhuma". E as pessoas que são verdadeiramente da

* BISHOP, Elizabeth. *Poemas escolhidos*. Trad. Paulo Henriques Britto. São Paulo: Companhia das Letras, 2012. p. 369. — Yesterday brought to today so lightly! / (A yesterday I find almost impossible to lift.)

cidade às vezes ficam incomodadas com todas as referências à "natureza" em meus poemas.

**GS:** Suponho que Crusoé tenha sido um garoto da cidade. É tão divertida a maneira precisa pela qual você toma emprestado elementos da flora e da fauna para a sua ilhazinha ("Crusoé na Inglaterra", no livro *Geografia III*).

**EB:** É uma mistura de várias ilhas.

**GS:** E os anacronismos propositais também – como a referência a Wordsworth.

**EB:** A *New Yorker* enviou a folha de correções tipográficas de volta e ao lado daquela linha estava escrito "anacronismo", e também em outro lugar no poema, acho. Falei para eles que tinha sido de propósito. Mas os caracóis, os caracóis azuis, são verdade.

**GS:** Há caracóis como aqueles em – qual era a ilha dele – Juan Fernandez?

**EB:** Talvez – mas as que eu vi estavam nas Dez Mil Ilhas da Flórida. Anos atrás, estive lá em uma viagem de canoa e vi caracóis azuis. Eram caracóis de árvores, e pode ser que eu ainda tenha alguns. Eram frágeis e se quebravam facilmente. Estavam por todos os lados. Fantástico.

**GS:** Ele é um Adão na ilha e você tem esse maravilhoso Éden como algo trivial, com um tipo de cada coisa: "um caracol [...] árvores do mesmo tipo [...] um tipo de frutinha."

**EB:** As trombas d'água vieram da Flórida. Costumávamos vê-las. Mas você sabe, sou imprecisa. E sou pega. Sabe o poema sobre ter quase sete anos, no consultório dentário, lendo a revista *National Geographic*?

**GS:** "Você é um *eu*, / você é uma *Elizabeth*, você é uma *delas*."

**EB:** Sim, esse mesmo. Tem algo errado nesse poema, e pensei que talvez ninguém nunca fosse saber. Mas obviamente eles descobrem tudo. Minha memória confundiu duas edições de 1918 da revista. Sem tê-las visto desde então, pesquisei na Biblioteca Pública de Nova York. Na edição de fevereiro, tinha um artigo, "The Valley of 10,000 Smokes" [O vale das dez mil chaminés], sobre o Alasca, de que me lembrava também. Mas as coisas da África, na verdade, estavam na edição seguinte, de março. Quando enviei o poema para a *New Yorker*, escrevi para Howard Moss e disse que deveria confessar que aquilo estava um pouco errado. A revista recebeu isso bem e disse que não tinha problema. Mas, desde então, duas pessoas descobriram que não estava correto. Elas foram pesquisar! Eu devia ter colocado uma nota de rodapé.

**GS:** Bem, todos os poetas são críticos e todos os críticos são poetas, mas se há uma diferença na qual acredito, é que, como personalidades, críticos tendem a se concentrar em mera literatura. Assim, o conciso Richard Ellman pode compilar aquela antologia gigante, cheia de informações literárias, mas, quando tem de acrescentar uma nota explicando o nome de um lugar, ele coloca as ilhas Galápagos no Caribe.

**EB:** Ele fez isso comigo. Eu digo "*entering the Narrows of St. Johns*" [entrando nos canais de St. Johns] e ele coloca uma nota de fim de página dizendo que é uma ilha do Caribe, quando na verdade é o porto de St. John, em Newfoundland.

**GS:** Poetas são profundamente interessados em lugares, em viagens, em descobertas sobre o mundo... Tenho relido Lowes e não há nada de errado com aquele livro, mas ele finge que Coleridge tinha um gosto completamente inexplicável, de uma pessoa absolutamente excêntrica, para leituras leves. Histórias de viagens! Um dos tropos de Lowes é impressionar o leitor com o que Coleridge conseguiu fazer de sua miscelânea, obviamente frívola, escavando em torno de coisas que ninguém leria em sã consciência.

**EB:** Sim.

**GS:** Serve ao propósito dele, mas se tratava de uma era em que verdadeiras maravilhas estavam sendo descobertas. Coleridge foi atrás daqueles livros pelos melhores motivos possíveis.

**EB:** E como eles sabem? Talvez sejam necessárias centenas de coisas juntas, no momento certo, para fazer um poema e ninguém pode de fato separá-las e dizer isso fez isso, aquilo fez aquilo.

**GS:** O que a fez escrever o poema sobre Crusoé?

**EB:** Não sei. Reli o livro e descobri o quanto *Robinson Crusoé* era terrível, o que eu não tinha percebido antes. Fazia tempo que tinha lido o livro. E então lembrei uma visita a Aruba – muito antes de ser um "*resort*" desenvolvido. Fiz um passeio cruzando a ilha, e é verdade que há vulcões por todos os lados.

**GS:** Eu esqueci o final de *Robinson Crusoé*. O poema se aproxima do livro?

**EB:** Não. Lá, deixei os fatos de lado, especificamente. Eu o reli inteiro em uma noite. E tinha esquecido o quanto é moralista. Toda aquela cristandade. Então, acho que quis revê-lo sem aquilo tudo.

**GS:** Quando você era bem jovem, por quais poetas começou?

**EB:** Quando fui para o acampamento de verão, aos doze anos, alguém me deu uma antologia – uma das primeiras antologias de Harriet Monroe. Aquilo me causou um grande impacto. Nunca tinha lido nenhum daqueles poetas. Tinha lido Emily Dickinson, mas uma edição antiga, e não gostei muito. E minha tia tinha livros como Browning, Sra. Browning, Tennyson, *Ingoldsby's Legends*...

**GS:** Mas mais tarde, quando foi que você começou a olhar em volta e dizer para si mesma "Quais são os poetas da geração anterior à minha que terei de levar em consideração?"

**EB:** Não acho que tenha alguma vez pensado dessa maneira, mas talvez a resposta fosse Auden. Na minha época de faculdade, alguns de nós estávamos muito interessados nele. Os seus primeiros livros causaram um grande impacto em mim.

**GS:** Eu não vejo muito de Auden em seus primeiros poemas. Na verdade, me chamou a atenção o fato de que o mais próximo que vi você chegar dos maneirismos e conteúdos de um Auden em início de carreira foi em um poema recente seu, no livro novo: "Jornal da meia-noite".

**EB:** Sim, é recente. Acho que tentei não escrever como ele naquela época, porque todo mundo o fazia.

**GS:** É como se, de repente, décadas mais tarde, houvesse um "On the Frontier" [Na fronteira] – algo que você poderia usar nele.

**EB:** Na verdade, o poema "Jornal da meia-noite" foi outro que comecei anos antes. Em uma versão diferente. Com rimas, eu acho. Sim, cheguei a um determinado ponto e não consegui ir adiante, e acabei desistindo. Eu não tinha nada a ver com o Vietnã ou com qualquer outra guerra em particular quando o escrevi, foi só imaginação. É assim que as coisas nos atingem. Tenho um poema bem antigo, longo, escrito faz muito tempo. A Segunda Guerra Mundial estava acontecendo, é mais ou menos assim. "Galos" eu escrevi na Flórida, a maior parte dele. Alguns amigos me pediram para lê-lo há alguns anos, e eu percebi de repente que soava como um tratado feminista, o que não era a intenção, de forma alguma. Você nunca sabe como as coisas vão se modificar em você através dos tempos.

**GS:** Mas isso faz sentido. Vamos ver se consigo encontrar no livro – Claro:

e, sempre admirados
pelas esposas excitadas,
os galos testam os esporões afiados,

fixam o olhar parvo,
escancaram o bico ávido
e soltam o velho grito irrefreável.*

Acho que é seu estandarte agora. Você nunca vai tirar isso delas. A propósito, ouvi seu poema "Posto de gasolina" ser usado como um tratado feminista.

**EB:** Sério?

**GS:** De uma maneira muito apropriada, por Mona Van Duyn. Em vez de dar uma conferência em Bread Loaf, ela leu uns oito poemas, todos de norte-americanas, fazendo alguns comentários entre eles. Parecia que ela queria dizer que alguns poemas eram panfletários demais para terem alguma utilidade. Um poema de Robin Morgan...

**EB:** Ó céus, sei.

**GS:** Naquele contexto, o seu poema pareceu um estudo irônico interessante do "toque feminino".

**EB:** Mas não há nenhuma mulher nele.

**GS:** Mas o vaso, as flores, o...

**EB:** Guardanapo de crochê, sim.

**GS:** A mulher que "não" está lá, ela é certamente um assunto essencial do poema.

**EB:** Nunca vi a mulher, na verdade. Conhecíamos os homens lá...

**GS:** Mas os sinais estão lá...

**EB:** Eu nunca... Não é estranho? Com certeza nunca senti pena de quem fez aquele crochê! Não é estranho?

**GS:** Bem, quais são os seus tratados feministas?

---

* BISHOP, Elizabeth. *Poemas escolhidos*. Trad. Paulo Henriques Britto. São Paulo: Companhia das Letras, 2012. p. 129. — where in the blue blur / their rustling wives admire, / the roosters brace their cruel feet and glare // with stupid eyes / while from their beaks there rise / the uncontrolled, traditional cries.

**EB:** Acho que eu não tenho nenhum. Acho que agora tenho a primeira parte de "Galos". Mas não pensava nele desse jeito. Poesia panfletária...

**GS:** E na época da faculdade...

**EB:** Quando estava na faculdade, no final da Grande Depressão, havia muitas pessoas comunistas, ou pseudocomunistas. Mas eu sou petulante de natureza, então defendi T. S. Eliot. Nunca pensei muito no feminismo, até...

**GS:** Você começou a listar poetas importantes para você por um homem, Auden. Você...

**EB:** Quando recebi aquela antologia aos doze ou treze anos de idade, havia um trecho na introdução, acho que de Harriet Monroe, falando sobre Hopkins e citando um fragmento incompleto de um poema – "tattered-tasseled-tangled", e assim por diante. Fiquei muito impressionada por aqueles versos, e então, quando fui para a escola, em 1927 ou 1928, havia saído a segunda edição de Hopkins, da Bridges, e um amigo me deu. Durante algum tempo, escrevi imitações muito ruins de Hopkins, e tudo foi destruído depois – ou pelo menos, espero que tenha sido.

**GS:** De algum modo era importante saber o que as poetas estavam fazendo?

**EB:** Não, eu nunca fiz nenhuma distinção; eu nunca faço nenhuma distinção. Mas preciso deixar claro uma coisa. Quando estava na faculdade e comecei a publicar, mesmo naquela época e nos anos seguintes, havia antologias de mulheres, e edições de revistas apenas com textos de mulheres, mas sempre me recusei a aparecer nessas publicações. Não pensava sobre isso muito seriamente, mas achava que não fazia sentido separar os sexos. Suponho que esse sentimento veio de princípios feministas, talvez mais fortes do que a consciência que eu tinha deles.

**GS:** Eu vi essa coisa sexista acontecer quando dei aula em uma turma de poesia onde, por acaso, havia umas jovens muito boas que exploravam e tentavam sistematicamente encontrar um lugar ou uma posição para si mesmas como poetas. Adrienne Rich disse que havia chegado a um ponto em que não queria perder o tempo que se perde, numa classe mista, com amenidades, aprendizado lento e inconvenientes de todos os tipos.

**EB:** Sério?

**GS:** Sim. Para deixar as mulheres, de quem ela se sentia superprotetora, começar a falar abertamente e ter uma participação mais completa e dinâmica.

**EB:** Eu nunca percebi uma guerra sexual em aula. Quase nunca. Talvez uma ou duas vezes, e com um garoto apenas. Talvez eu seja cega. Ou minhas aulas sejam muito formais. Os alunos são quase sempre bem educados, até gentis uns com os outros; parecem se tratar como amigos e iguais... eles não discutem muito. Nos dois últimos semestres, eu tive turmas excepcionais. Dei uma festa aqui para uma das turmas há dois dias, e acho que todo mundo se divertiu. Nunca participei das oficinas dos outros. Talvez eu devesse ir e ver como são.

**GS:** Você aprova as aulas de criação literária...

**EB:** Não. Eu tento desencorajá-las! Eu falo para os alunos que seria melhor aprenderem latim. Latim ou grego. São línguas úteis para escrever em versos. No fundo eu acho que se há um bom poeta na Universidade de Boston ou em Harvard agora, ele ou ela deve estar se escondendo em algum lugar, escrevendo poesia, e não indo a nenhum tipo de aula para ensinar a escrever. No entanto, tive alguns alunos que se saíram muito bem (dois ou três "gênios", eu acho, e vários muito talentosos). Acho que a melhor esperança que se pode ter é que o aluno, depois de se formar, continuará lendo poesia para o resto de sua vida. O que você pode ensinar, realmente ensinar? Eu me preocupo com ninharias, provavelmente, sou o diabo. Eu dou tarefas. Acho difícil não reescrever poemas ou textos em prosa. Tento com todas as forças não dizer "Isso é o que você deve fazer", mas às vezes não consigo resistir.

**GS:** O que acontece, então?

**EB:** Bem, às vezes eles concordam comigo – muitas vezes eles humildemente concordam comigo!

**GS:** Por que isso parece tão perigoso e quase proibido de se fazer? Eu compreendo e concordo com você. Mas veja os pintores. Fiquei chocado na primeira vez em que estive em uma aula de arte e vi o professor caminhando entre os alunos, pegando o pincel, a espátula.

**EB:** Só para mudar linhas?

**GS:** Sim. Tinha uma coisa no cavalete do aluno, e ele mudou.

**EB:** Um aluno, anos atrás, queria muito escrever. Ele era brilhante, mas não parecia ter muito talento. Dei tarefas muito específicas.

Quando lemos os resultados, em voz alta, tentei ser gentil e disse: "Bem, afinal eu não espero que você se saia brilhantemente nisso; é uma tarefa quase impossível." Ele ficou bravo e disse: "Você não deveria dizer isso! Uma tarefa não é só uma tarefa, é um poema!" Bem, hoje acho que ele estava certo e eu, errada.

Voltando ao "feminismo" ou ao movimento de libertação das mulheres. Acho que a maioria de minhas amigas, ou minha geração, frequentou faculdades para mulheres (e não éramos todas escritoras). Desde muito cedo as pessoas se acostumam a ser "colocadas para baixo", ouvindo que, se você tem uma inteligência normal e qualquer senso de humor, muito cedo desenvolve uma atitude dura, irônica. Você tenta ser assim simplesmente para não notar que está sendo "colocado para baixo".

Na maior parte da minha vida de escritora, eu tive sorte com críticas. Mas muitas vezes aparecia no final: "A melhor poesia escrita por uma mulher nessa década, ou ano ou mês." Bem, o que vale isso? Você sabe? Mas você se acostuma, até espera e se diverte com isso. Uma coisa que penso, sem sombra de dúvida, é que haverá mais poetas (mulheres) boas. Eu li as cartas de Virginia Woolf. Você as leu?

**GS:** Não. Estou lendo uma coletânea de cartas de Marianne Moore.

**EB:** Ah!

**GS:** Publicada pelas Bibliotecas da Universidade de Rochester.

**EB:** Eu tenho essa edição. Anthony Hecht enviou para mim. Mas aquelas não são cartas tão boas. Quer dizer, é claro que são fascinantes. A mulher para quem ela as escreveu, Hildegarde Watson, que morreu faz pouco, foi provavelmente sua melhor amiga. Mas a maioria tem a ver com roupas e banalidades desse tipo. Eu tenho muitas cartas dela, e algumas delas, especialmente as de fofocas pessoais e literárias, são maravilhosas. Contando histórias, citando coisas, descrevendo. É bem interessante aquele livrinho, mas tenho certeza de que ela escreveu melhores cartas que aquelas.

**GS:** Você está lendo as cartas de Virginia Woolf?

**EB:** Estou lendo o volume dois. E é bem mais interessante. O primeiro volume eu achei entediante, mas este é de quando ela e o marido começaram a Editora Hogarth Press. E você vê como ela sofreu preconceito. Ela não reclama muito sobre isso, mas você sente.

Quando ela escreveu *Os três guinéus*, seu primeiro livro "feminista", ela estava sendo muito destratada.

Muitas vezes, ela menciona o quanto está infeliz com as críticas... Sabe, ela podia ficar bem irritada. Você já leu *Os três guinéus*? Um livro pequeno e maravilhoso. Acho que o tenho aqui. (Preciso de um bibliotecário.) Esta parte aqui deveria ser geografia e viagens, e... Ah, aqui está Virginia. Mas não *Os três guinéus*.

Há anos que não como um desses [fazendo referência a uns doces natalinos em forma de bengala, sobre a mesinha de canto.] Canudinhos de hortelã com pimenta. Sabe o que fazíamos com esses canudinhos? Você enfia um deles em meio limão e toma o suco do limão por ele.

Acho que estive meio dormindo a vida inteira. Comecei a estudar música, queria me formar em música. E de alguma forma, ficou difícil. Eu gostava, mas desisti. Perdi muito tempo; estudei grego por um período; bem, eu não era muito boa naquilo; então, quando saí de Vassar, pensei em estudar medicina. Naquela época, eu teria de fazer um ano a mais de química e estudar alemão. Eu já tinha desistido do alemão uma vez. E me candidatei à Escola de Medicina de Cornell. Mas já tinha publicado algumas coisas, e os amigos – principalmente Marianne Moore – me desencorajaram. Não apenas me desencorajaram.

**GS:** Você chegou a enviar alguma coisa para a *The Dial* ou...

**EB:** *The Dial* não existia mais. Havia outras revistas...

**GS:** Bem, como Marianne ficou sabendo sobre você para desencorajá-la a estudar medicina?

**EB:** Então, eu a conhecia. Escrevi algo sobre isso que espero terminar logo: como acabei a conhecendo através da bibliotecária da faculdade. Eu tinha lido seus poemas em revistas e alguns em antologias. Acho que a mãe de uma amiga me falou dela. Mas não havia um exemplar de *Observations* [Observações] na biblioteca em Vassar.

Ela disse "Você está interessada na poesia dela?" (Ela falava tão suavemente que você quase não a ouvia.) E eu disse: "Sim, muito". E ela disse: "Eu a conheço desde criancinha. Você gostaria de conhecê-la?" Imagine! Foi a primeira vez na minha vida em que tentei conhecer alguém que admirava. A bibliotecária tinha um exemplar do *Observations* e me emprestou, mas ela com certeza não tinha o livro em alta conta, porque não encomendou um exemplar para a biblioteca em Vassar. Havia vários recortes de jornal – na maior parte, críticas negativas – enfiadas no livro. E então fui para Nova York e conheci Marianne, e descobri que, ao longo dos anos, outras moças de Vassar foram conhecê-la e que Marianne não tinha muito interesse nesses encontros. Mas de alguma forma nos identificamos. Encontrei com ela sentada em uma carteira do lado de fora da sala de leitura da Biblioteca Pública de Nova York. Um lugar seguro para conhecer pessoas, já que Marianne podia se livrar delas rapidamente. Mas alguma coisa funcionou – um golpe de sorte –, porque dei a ideia de voltar a Nova York em duas semanas para irmos ao circo. Eu não sabia na época, mas é claro que o circo era uma paixão para ela. Ela ia pelo menos uma vez por ano. Então, fomos!

**GS:** Bem, que tom ela assumiu ao descobrir que você queria dedicar quatro anos de sua vida à medicina?

**EB:** Na verdade, eu demorei muito tempo para lhe contar que eu escrevia. Talvez naquela época ainda não tivesse contado. Imagino que ela já soubesse quando me formei. Mesmo assim – acho que era meio estranho mesmo naquela época – nós nos tratamos por senhorita por quase três anos. Eu a admirava muito, ainda admiro, é claro.

Ela escreveu uma crítica sobre Wallace Stevens que acho que nunca foi reimpressa. Eu estive na casa dela (no Brooklyn) e entrei pela porta dos fundos (o elevador não estava funcionando). Havia duas daquelas caixas de transportar tomates cheias de papel, do lado de dentro. Esses eram os primeiros rascunhos da crítica, que era curta. Você pode ver como ela trabalhava muito.

Ela tinha uma prancheta que carregava pela casa, para trabalhar em um poema enquanto estivesse lavando os pratos, tirando o pó, etc.

Agora, todos os seus papéis, ou quase todos, estão no Museu Berg, na Filadélfia. Eles têm tudo lá, reconstruíram o seu quarto e seu escritório de Nova York. Fui à abertura e achei bem doloroso. Mas a exposição dos manuscritos é maravilhosa. Se quiser um exemplo do verdadeiro trabalho de Marianne, veja os manuscritos dela.

Ela escreveu um poema sobre o famoso cavalo de corridas, Tom Fool. O homem que organizou a exposição fez um trabalho lindo com as caixas de vidro: dúzias de pequenos recortes e fotografias do cavalo. E depois as versões do poema. E continua... Ela tinha um trabalhão com aquilo tudo!

**GS:** Eu ficaria fascinado de ver como ela fazia aquelas rimas inaudíveis – se vinham primeiro, ou eram modificadas. Como aquilo se desenhava.

**EB:** Ela era um pouco contraditória, sabe, às vezes, incoerente. Ela podia dizer: "Ah, rimas estão fora de moda." Depois, em outro momento, quando estava traduzindo La Fontaine, ela me consultaria sobre uma rima. Se eu pudesse ajudá-la com alguma, ela parecia ficar contente. Ela gostava de uma balada minha porque rimava bem. Ela admirava a rima "*many antennae*" [muitas antenas]. Você nunca sabia dizer do que ela gostaria e não gostaria.

**GS:** Mas que golpe de extraordinária sorte ser amiga de Marianne Moore antes que ela soubesse de suas ambições...

**EB:** Ah, eu não tinha muitas ambições. Como disse, eu devo ter estado meio dormindo. Houve uma antologia, com dez ou doze poetas, publicada em 1935, eu acho. Cada um de nós, "jovens" poetas, tinha uma introdução escrita por um poeta mais velho. Com muita timidez, eu pedi a Marianne, e ela escreveu alguns parágrafos. E ela não gostou nem um pouco de parte da minha linguagem e disse isso também. É muito engraçado. Acho que apenas um daqueles poemas estava no meu primeiro livro.

A primeira leitura dela a que fui, no Brooklyn, anos atrás, ela leu com Williams Carlos Williams. Acho que naquela época ela tinha feito poucos eventos de leitura. Acho que era no porão de uma igreja. Era um auditório pequeno, de teto inclinado, íngreme, e os dois estavam sentados em cadeiras góticas vitorianas, com encostos de *plush* vermelhos, um de cada lado de uma plataforma que, olhando de frente, parecia um pequeno púlpito. Eu fui de metrô e cheguei um pouco atrasada. Eu tinha planejado chegar cedo, mas atrasei. Marianne estava lendo. Eu estava tentando chegar até a frente, abrindo caminho pelos degraus de carpete vermelho – havia poucas pessoas lá – e ela ergueu os olhos, me viu, balançou a cabeça como em sinal afirmativo e disse: "Boa noite!". Depois, continuou com a leitura. Ela e Williams eram muito gentis um com o outro. Não me lembro de muito mais, do que leram – ah, com exceção de uma moça que está editando as cartas de Williams e me enviou, um mês atrás mais ou menos, uma cópia de algo que encontrou por acaso: uma carta de Williams sobre aquela noite exatamente. E diz: "Marianne Moore tinha uma mocinha chamada Elizabeth Bishop com ela na cidade. Parece que ela escreve poesia." Algo assim. É claro que nunca conheci Williams muito bem.

**GS:** Mas você conhecia Lowell, Jarrell, tantos deles...

**EB:** Imagine. Acredito que pensamos isso de todo mundo – todo poeta. Eu não conhecia ninguém. Quero dizer, ninguém "literário" naquela época, exceto Marianne.

**GS:** Quando você conheceu Lowell? Pergunto isso porque a maneira como o vi levar seu trabalho para uma aula de escrita na Universidade de Boston alguns anos atrás, me deu a entender que ele conhecia você e seu trabalho...

**EB:** Em 1945 ou 1946, eu conheci Randall Jarrell, não consigo me lembrar nem como, nem onde. Ele veio a Nova York naquele inverno para assumir o lugar de Margaret Marshall como editor de críticas de livros na *The Nation*. Ela deixou o seu apartamento para ele e a família. Eu tinha acabado de publicar meu primeiro livro, e Robert Lowell tinha acabado de publicar o dele. Jarrell o conhecia do Kenyon College. Ele me convidou para jantar e conhecer Robert, e nos demos bem logo de início. Eu tinha lido *Lord Weary's Castle*, mas não foi por isso. Por alguma razão, nos identificamos muito. Por acaso tínhamos visto as mesmas exposições de arte naquela tarde e conversamos sobre isso.

Quase todo mundo tem essa teoria de que os outros têm vidas sociais fascinantes...

**GS:** Você conheceu [Reed] Whittermore? Ele era tão ativo como editor, com *Furioso*...

**EB:** Nunca o conheci.

**GS:** Conheceu Berryman?

**EB:** Não, nunca. Eu conheci mais escritores nos últimos três ou quatro anos do que em todos os anos anteriores da minha vida.

**GS:** E escritores brasileiros?

**EB:** Eu não conheci pessoalmente nenhum deles. Eu sei de alguns. Quem admiro mais, da geração antiga, é Carlos Drummond de Andrade, eu o traduzi. Não o conhecia. Aparentemente, ele é muito tímido. Eu também. Nós nos encontramos uma vez – na calçada, à noite. Tínhamos acabado de sair do mesmo restaurante e ele beijou minha mão educadamente quando fomos apresentados.

Eu conheço alguns outros. Vinicius de Moraes, que escreveu "Orfeu Negro". Ele era um poeta muito bom, um poeta sério, ao estilo de T. S. Eliot. Ele ainda é, mas agora escreve, em sua maioria, músicas populares, muito boas – "Garota de Ipanema", por exemplo, uma antiga já. Ele toca violão e canta bem, mas não tem muita voz mesmo. É muito popular entre os jovens. Tem sido um bom amigo para mim. Ele se casa com certa frequência. Diz: "Todas as minhas esposas são moças tão maravilhosas. É sempre minha culpa. É claro que estou falido. Eu deixo tudo para elas, pego apenas uma escova de dentes e vou embora." Uma história engraçada: Eu estava em uma cidadezinha onde comprei uma casa muito velha. Não estava pronta para que eu me mudasse (levou cinco ou seis anos) e fiquei hospedada em um hotel pequeno, de uma dinamarquesa, uma antiga amiga. Vinicius estava lá também – só nós três. Era inverno, frio e chuvoso, um tempo horroroso. Nós nos sentamos para nos aquecermos, apenas os três, em uma cozinha de fundos, reservada aos amigos, e lemos histórias de detetives o dia todo. Às vezes jogávamos cartas ou Vinicius tocava violão e cantava. Ele tem umas músicas maravilhosas, encantadoras mesmo, para crianças. Bem, todas as tardes chegava o jornal do Rio, um com uma coluna de fofocas que líamos avidamente. Então, uma tarde o garoto veio com o jornal e havia uma grande fofoca sobre a cidadezinha em que estávamos, como tinha se tornado "moda entre os intelectuais". E lá estávamos, os únicos "intelectuais", por assim dizer, a centenas de quilômetros, trocando nossos livros da Agatha Christie e de Rex Stout, etc.

**GS:** Você parece escrever mais e mais tipos distintos de poemas, mas sem cobrar de si mesma que tenha de fazer algo diferente.

**EB:** Eu sei que queria ter escrito muito mais. Às vezes acho que se tivesse nascido homem provavelmente teria escrito mais. Ousado mais, ou ter podido passar mais tempo fazendo isso. Eu perdi muito tempo.

**GS:** Teriam sido trabalhos a mais em outros gêneros?

**EB:** Não.

**GS:** Poemas longos?

**EB:** Não. Um ou dois longos, eu gostaria de escrever, mas duvido que chegue a fazê-lo um dia. Bem, não realmente longos. Talvez dez páginas. Isso seria longo. Sim, eu conheci Cummings um pouco. Quando morei no Village, depois de um tempo, o conheci através de um amigo. Eu e ele tivemos a mesma empregada por dois ou três anos. "Deixe um pouco de sujeira, Blanche", ele costumava dizer a ela. Blanche acabou concordando em deixá-las um dia. Eles não usavam ratoeiras. A esposa de Cummings contou a ela sobre um ratinho que saía da parede à noite e subia na cama. Eles deitavam na cama e assistiam o ratinho pegar pedaços de lã do cobertor para fazer ninho. Bem, Blanche ficou horrorizada com isso.

**GS:** Ele estava poupando os ratos em nome de princípios humanitários ou vegetarianos?

**EB:** Ah, não. Cummings amava ratos. Ele escreveu poemas sobre eles. Ele costumava...

Bem, eu não disse nada profundo.

**GS:** Você conta uma história maravilhosa.

**EB:** Ah, em suas entrevistas, Mariane Moore sempre disse algo para fazer as pessoas pensarem muito seriamente sobre escrever, sobre técnica – e Robert Lowell sempre diz algo, no meu entender, misterioso...

**GS:** Você gostaria de dizer algo misterioso?

**EB:** ! ■

# *Geografia da imaginação*

**Alexandra Johnson, 1978**

*Christian Science Monitor,*
23 de março de 1978, p. 20-21.

*Tradução*
Heci Regina Candiani

"Mais delicadas do que as do historiador são as cores do cartógrafo." Este verso de "O mapa", primeiro poema do primeiro livro de Elizabeth Bishop, evoca o tema e a textura de sua própria obra. Seus poemas são mapas de tons delicados que traçam com habilidade impecável a geografia de sua imaginação. Reconhecida entre os poetas mais notáveis da atualidade, ela imprime em sua obra uma elegante simplicidade e uma pureza artesanal. E demonstra um raro respeito pela vida cotidiana, sempre que seu olhar – ou sua mente – observa algo ao seu redor. A cada poema, somos levados a perceber algo essencial, e mesmo assim, misterioso, sobre aquilo que nos rodeia. Em resumo, seus poemas são uma pausa refrescante em meio à poesia confessional e autoindulgente com a qual os leitores de hoje estão acostumados. Elizabeth Bishop recebeu muitos prêmios. Entre eles, estão o Pulitzer Prize, o National Book Award, o Academy of American Poets Award e o Neustadt, cobiçado prêmio internacional de literatura.

Alexandra Johnson, editora-assistente de poemas e ensaios do *Monitor* entrevistou Elizabeth Bishop recentemente. A seguir, alguns trechos da conversa.

**Alexandra Johnson:** Por que você escreve poesia? O que há nesse gênero de tão mais atraente que as outras formas literárias?

**Elizabeth Bishop:** Na verdade, como saber? Comecei muito nova, por volta dos oito anos. Era uma criança muito solitária e talvez a poesia fosse minha maneira de me familiarizar com o que eu via à minha volta. Provavelmente muitas coisas contribuíram para isso. Por exemplo, minha avó que morava na Nova Escócia era uma excelente cantora de hinos. Cresci ouvindo aquelas músicas e, na verdade, centenas delas ainda ecoam em minha mente. Minha tia, como muitos vitorianos, fazia parte de uma associação de poesia da cidadezinha e sempre recitava para mim – Longfellow, Browning, Tennyson. Então, claro, memorizei muita coisa, que logo se tornou parte inconsciente de mim mesma.

A poesia sempre me pareceu a maneira mais natural de dizer o que sinto. Nunca tive a intenção de "ser" poeta, como acho que muitas pessoas têm hoje. Nunca quis pensar em nenhum rótulo. É muito mais importante continuar escrevendo poesia do que pensar em si mesmo como um poeta cujo trabalho é escrever poesia o tempo todo. O que essas pessoas fazem durante aqueles longos períodos inférteis? A poesia deve ser tão inconsciente quanto possível.

**AJ:** Para você, um poema se forma a partir de um som, de uma imagem ou de uma ideia?

**EB:** Cada poema é diferente. Alguns poemas se formam a partir de um conjunto de palavras que você não sabe bem a que se referem, até que elas se juntam e se tornam linhas, e você percebe um padrão surgindo. Algumas vezes, uma ideia me persegue por um longo tempo, embora os poemas que comecem a partir de uma ideia sejam muito difíceis de escrever. É mais fácil com aqueles que começam de uma série de palavras que tem bela sonoridade e não faz muito sentido, mas acaba revelando seu propósito. Novamente, o elemento inconsciente é muito importante. Você não pergunta a um poema o que ele significa, você deixa que ele o diga.

**AJ:** Por quanto tempo um poema fica em sua cabeça até que você o coloque no papel?

**EB:** De dez minutos a quarenta anos. Uma das poucas qualidades que acredito ter como poeta é a paciência. Tenho uma paciência infinita. Algumas vezes, acho que deveria ficar furiosa comigo mesma por esperar vinte anos para terminar um poema. Mas não acho que um bom poeta possa arcar com o preço de ter pressa.

**AJ:** Algo que admiro em sua poesia é seu poder de expressar o comum de modo extraordinário, seu poder de nos fazer olhar várias vezes para o que é cotidiano. Você faz isso conscientemente?

**EB:** Não tento fazer nada de especial com minha poesia – apenas satisfazer a mim mesma. Para mim, o maior desafio é experimentar e expressar ideias difíceis em uma linguagem simples. Prezo a clareza e a simplicidade. Gosto de apresentar ideias complicadas ou misteriosas do modo mais simples possível. É uma disciplina que muitos poetas não consideram tão importante quanto eu. Penso que a complexidade quase sempre obscurece pensamentos confusos e versos sob a máscara de poesia. Se a poesia não é por si mesma disciplinada, então, provavelmente o olhar do observador ou a mente que traduziu aquela experiência carece de disciplina.

**AJ:** A sensação que se tem é que você não observa um objeto pela primeira vez, mas volta a ele várias vezes de modo a captar sua "alteridade". O que você diria?

**EB:** Sou muito sensível a objetos. Os críticos frequentemente dizem que escrevo mais sobre coisas do que sobre pessoas. Não é algo consciente. Apenas tento olhar para os objetos uma segunda vez. Certa curiosidade sobre o mundo ao nosso redor é uma das coisas mais importantes da vida. É o que está por trás de quase toda a poesia.

Gosto muito de pintura, o que poderia explicar parte de meu interesse em observar os objetos mais de perto. Minha tia fazia esboços e pintava aquarelas, e isso pode ter me influenciado de modo sutil. Na verdade, desejaria ter nascido pintora, e não escritora.

**AJ:** Quais são suas fontes de inspiração?

**EB:** Inspiração é uma palavra muito curiosa. Quando eu morava no Brasil, tinha um escritório no alto da encosta de uma montanha, com vista para uma cachoeira e a pequena piscina que se formava abaixo dela, cercada por um alto bambuzal. Quando eu recebia visitas, algumas das quais nunca tinham lido uma linha do que escrevi, elas olhavam para os bambus e diziam: "Então é dali que vem sua inspiração!" Cheguei a pensar em pregar uma placa no bambuzal dizendo "Inspiração".

Esse mistério que chamamos inspiração nem sempre pode ser localizado com precisão. Mas é isso que há de estranho e maravilhoso na poesia – você nunca pode prever quando, onde ou mesmo por que algo irá motivá-la a escrever um poema. Quando digo que um poema se apresenta de várias formas, é a isso que me refiro. Um poema pode ser inspirado por algo que aconteceu há vinte anos, mas até escrevê-lo talvez eu não tivesse percebido como aquilo tinha me emocionado à época. Acredito que é preciso confiar que os olhos e a mente estão constantemente registrando tudo, e é preciso ter paciência suficiente para que o resultado dessa observação se revele.

**AJ:** Seus poemas demonstram respeito pelo que é aparentemente corriqueiro – um peixe, um alce, até mesmo um posto de gasolina. Pode-se dizer que respeitar é ver e ver é respeitar?

**EB:** Tenho um grande interesse e respeito, como você diz, por aquilo que as pessoas chamam de "coisas comuns". Sou muito visual, e os alces e postos de gasolina não são necessariamente triviais para mim. A observação é um grande prazer. Alguns críticos me acusam de ser uma poeta meramente descritiva, o que não considero, de forma alguma, algo ruim, desde que você faça bem feito.

**AJ:** Sempre fui fascinada por seus versos "Seria a falta de imaginação que nos faz partir para lugares imaginários – e não simplesmente ficar em casa?"* Você poderia aprofundar essa ideia?

**EB:** Na verdade, eu estava rindo de mim mesma nesses versos, ou de qualquer pessoa que não confia em sua percepção inicial das coisas. Qualquer lugar é diferente do modo como você o imaginou, o que não significa que aquilo que você imaginou seja inferior. A imaginação tem, sim, sua geografia própria.

**AJ:** Você prefere viajar literalmente ou através da escrita da poesia?

**EB:** Ah, prefiro viajar. É tão mais fácil! Mas como poeta, acho que viajo das duas maneiras. Que, entretanto, são muito diferentes.

**AJ:** Viver no Brasil a ajudou a disciplinar e amadurecer sua poesia por forçá-la a se debruçar sobre sua própria percepção de linguagem?

**EB:** Não, não acho que viver em um país estrangeiro faça isso. Você precisa descobrir a disciplina onde quer que esteja. E isso pode ser feito facilmente em seu próprio país, em sua escrivaninha, mesmo que pareça pouco romântico. Faz parte da mística da inspiração – que se acredita poder encontrar fora de si mesmo. Algumas pessoas sentem que quanto mais exótico o contexto, mais peculiar será a obra. Mas não acho que uma coisa tenha muito a ver com a outra.

---

* Versos do poema "Questões de viagem": "Is it lack of imagination that makes us come / to imagined places, not just stay at home?" (N.T.)

**AJ:** Seus poemas exploram amplamente o imaginário dos mapas e da geografia. Você poderia analisar por quê?

**EB:** Bem, a família de minha mãe circulava muito e amava esse universo estranho das viagens. A inspiração do primeiro poema de meu primeiro livro veio quando eu estava sentada no chão, numa noite de Ano Novo em Greenwich Village, depois de me formar na faculdade. Eu olhava fixamente para um mapa. O poema escreveu a si mesmo. As pessoas dirão que ele corresponde a uma parte de mim que, na época, era inconsciente. E pode ser verdade.

**AJ:** *Geografia III* é, em parte, a busca por uma definição própria de "lar". A poesia é sua forma de encontrar ou ter seu próprio lar?

**EB:** O curioso é que muitos dos poemas desse livro foram escritos quando decidi me mudar do Brasil, onde vivi por muito tempo. Isso pode ter colaborado para essa impressão. Nunca me senti uma exilada, mas também nunca me senti exatamente em casa. Acho que essa é uma boa descrição daquilo que um poeta sente como sua casa. É o que ele carrega dentro de si.

**AJ:** Em "Crusoé na Inglaterra" você escreve sobre um homem que é forçado a registrar cada espécie da fauna e da flora. A intenção é sugerir que essa é a missão ou o encargo do poeta?

**EB:** Não tenho certeza. É verdade que muitos poetas não gostam de ter de traduzir tudo em palavras. Mas acho que há ali certa autoironia.

**AJ:** Você fica surpresa com o modo como as pessoas interpretam e reinterpretam sua obra?

**EB:** Fico pasma! Mas isso acontecia mais no início do que agora; a crítica se tornou algo trivial. Vez ou outra, leio o que alguém tem a dizer sobre meu trabalho – como o que acabou de sair na *New Yorker*. Acho que está totalmente errado. Outras vezes, penso e digo: "Pode ser". As pessoas continuam apontando para elementos interessantes e se decepcionam ao ouvir que não era naquilo que eu estava pensando.

Octavio Paz, que é um poeta e amigo a quem admiro muito, uma vez deu um curso de poesia do qual participei. No primeiro dia, ele disse aos alunos que não queria que lêssemos os críticos, com o que concordei plenamente. Quando lhe perguntaram por que, ele respondeu ironicamente: "Críticos têm a imaginação muito mais fértil do que os poetas". Achei isso muito engraçado e exato.

**AJ:** Você tem resistido a quase todas as tentações às quais os poetas atuais, bons ou ruins, acabam sucumbindo – como a poesia confessional ou de estrutura obscura. Você sempre teve a percepção exata de sua voz poética?

**EB:** Não, não tive. Isso já me preocupou muito e ainda preocupa. Em meu primeiro livro, eu tinha a preocupação de que os poemas não formassem uma boa combinação, que não houvesse um tema comum perceptível. Sinto isso a respeito de tudo o que já fiz. Mas parece haver uma voz consistente. Fico grata e também surpresa ao ouvir isso.

**AJ:** Ainda assim, em quase todos os poemas, ouve-se a voz calma e consistente de Elizabeth Bishop. Isso vem naturalmente, então?

**EB:** Bem, não sou calma, mas é bom ouvir isso. Nunca penso no tom daquilo que escrevo, ele apenas surge, imagino.

**AJ:** Nós recebemos no *Monitor* centenas de poemas por semana de pessoas de todas as idades e formações. Qual seu comentário sobre o repentino prestígio da poesia?

**EB:** Não é incrível? Revistas, leituras, cursos! Quando comecei a ensinar, me pediram para selecionar dez alunos e foi muito difícil. Mas a cada ano foram surgindo mais e mais interessados, ao mesmo tempo que outros cursos de literatura estavam minguando.

Muitos alunos têm a ideia equivocada de que o curso de poesia é fácil, embora eles provavelmente saibam, no meu caso, que não acredito que se possa dar notas para poesias. Mas, indo mais a fundo, acho que as pessoas andam se sentindo tão desesperadas em outras áreas – como conciliar um meio de ganhar a vida com fazer poesia, por exemplo –, que elas buscam esses cursos quando podem. A poesia, para o bem e para o mal, se transformou em uma válvula de escape de conflitos.

Recebo em média dez livros de poesia ou manuscritos por semana. Muitos deles soam iguais. Auden diria que isso é consequência do verso livre. E talvez ele estivesse certo. Mas é também por causa do desleixo. Não gosto necessariamente da forma fixa, mas falta coerência a grande parte da poesia contemporânea.

Talvez as pessoas escrevam por não saber que outro caminho tomar. Elas se sentem traídas pelas instituições e se tornam introspectivas. Mas acho que T. S. Elliot estava certo quando dizia que quanto mais você tenta se expressar, menos você se expressa. Grande parte da poesia que vejo hoje é autoindulgente. Acho que as pessoas não sorvem totalmente a experiência *original* que resulta num poema. A experiência essencial ou, se você preferir, o viver a vida, parece algo incompleto ou algo que falta. Será que as pessoas escrevem mais porque não vivem plenamente? Quem sabe. Só que essa não é a intenção nem o propósito da poesia. A poesia deveria celebrar o que você vê, e não ser um inevitável lamento sobre o que você não viu.

**AJ:** Como você aconselharia um jovem poeta que tem dificuldade em "justificar" que escrever poesia é um trabalho em tempo integral?

**EB:** Peço para ver alguns de seus trabalhos. Mas nem sempre se pode dizer algo a partir disso. Alguém que escreve mal na faculdade pode surpreender alguns anos depois. É por isso que não gosto de dar notas para alunos de faculdade. Uma nota baixa pode desencorajar uma pessoa que ainda está em busca de sua voz e poderia encontrá-la em poucos anos. Mas, francamente, acho que um verdadeiro gênio poético não passaria perto de uma aula de poesia. Provavelmente ele está por aí, escrevendo – mas isso pode não ser totalmente verdadeiro. Tive a sorte de encontrar pelo menos quatro alunos realmente talentosos em minhas aulas.

**AJ:** Há um romantismo exacerbado em torno de como deve ser a vida e o trabalho de um poeta. Qual a necessidade de uma vida silenciosa, resguardada?

**EB:** Bem, você consegue um lugar todo arrumado, como tive uma única vez na vida, no Brasil. Com seus livros, lápis e papéis à disposição. E então você se vê escrevendo alguns de seus melhores poemas em pé, na cozinha, no avesso de algum envelope velho. Isso acontecia comigo sempre. A inspiração não se restringe apenas a uma sala silenciosa.

**AJ:** Uma última pergunta: qual é a qualidade que todo poema deve ter?

**EB:** A surpresa. O tema e a linguagem que conduzem o poema devem surpreender. Você tem de se surpreender ao ver algo novo e tão extraordinariamente vivo. ■

# *Elizabeth Bishop, observadora de poesia*

**Joan Zyda, 1978**

*Chicago Tribune*,
4 de junho de 1978, seção 5, p. 4.

*Tradução*
Carolina Barcellos

Elizabeth Bishop, a grande dama da poesia norte-americana, leu muitas das poesias femininas publicadas recentemente. "Algumas são boas, mas outras são terríveis."

Em particular, ela acrescenta que alguns dos novos poemas eróticos e de amor escritos por mulheres são "corajosos e divertidos", mas alguns dos poemas feministas mais enraivecidos são "cruéis e feios".

Ainda assim, em geral, ela diz que "a poesia não deveria ser usada como veículo para nenhuma filosofia pessoal".

Com frequência, é chamada de poeta "dos olhos" ou "cartógrafa". Seus poemas descrevem meticulosamente paisagens da geografia – os mares, flora, fauna e casas. No seu último livro, *Geography III* (Editora Farrar), ela escreve sobre um mapa onde "as penínsulas seguram a água entre polegar e indicador / como mulheres sentindo a maciez de tecidos"; e uma tempestade "vagando pelos céus sem descanso / como um cão procurando lugar para dormir".*

Tal poesia fez com que Elizabeth ganhasse uma série impressionante de prêmios, incluindo o Pulitzer em 1955, o National Book Award em 1969 e o prêmio de poesia do National Book Critics Circle em 1977. Em 1976, ela se tornou a primeira norte-americana e primeira mulher a vencer o prestigioso Prêmio Internacional de Literatura

* No original: "Peninsulas take water between thumb and finger / like women feeling for the smoothness of yard goods"; "roaming the sky uneasily / like a dog looking for a place to sleep".

Neudstadt/Books Abroad. Naquele mesmo ano, foi escolhida para fazer parte da elite da Academia Norte-Americana de Letras e Artes.

Agora aos 67 anos, Elizabeth já leu e escreveu poemas por mais de meio século – "desde que tinha 8 anos," disse, continuando: "Ah, sim, eu parei – tive bloqueio de escritor aos 12 e aos 17 anos".

Filha de um rico empreiteiro de Massachusetts, Elizabeth começou a ter trabalhos publicados quando ainda cursava a Vassar College.

Depois de sua formatura, fez várias viagens que viriam a construir os detalhes de sua imaginação. Ela demorou-se (vivendo de renda e dinheiro ganho com os prêmios) em Nova York, Newfoundland, França, Espanha, Norte da África, Irlanda e Itália. Também viveu na Nova Escócia, Nova Inglaterra, Flórida, México e Brasil. Sua estada mais longa foi em Petrópolis, Brasil, de 1952 a 1968.

Longe dos Estados Unidos e das novidades tecnológicas e ideologicamente muito em voga da poesia pós-Segunda Guerra, Elizabeth cunhou o estilo que lhe é característico.

"O trabalho dela não é facilmente classificado", escreveu Howard Moss, editor de poesia da revista *New Yorker.* "Ela não é acadêmica, geração *beat*, experiente, novata, formal, informal, métrica, silábica... ela é poeta, pura e simplesmente, com o tom perfeito."

Elizabeth vive em Boston hoje em dia, próximo à costa que ela tornou famosa entre seus leitores, em uma casa de granito reformada, construída em 1848. Nos últimos sete anos, tem ocupado um posto especial em Harvard.

Elizabeth diz que as críticas ao seu trabalho não a incomodam. Mas se ofende facilmente ao ser acusada de antifeminista por não permitir que seu trabalho faça parte de antologias de poesias escritas por mulheres.

"Sempre me considerei uma forte feminista", diz. "É um absurdo segregar os sexos dessa forma. Também é ridículo fazer mostras de fotógrafas apenas, shows de cantoras de ópera, etc. Você se daria ao trabalho de ir a uma mostra identificada como 'Melhores homens fotógrafos'? É uma grande bobagem."

No entanto, Elizabeth foi tratada com leve condescendência pelos críticos em relação ao seu trabalho. "Algumas das melhores críticas que recebi foram arruinadas porque, ao final, disseram 'Esse é o melhor livro da década escrito por uma mulher'. Ouvi isso minha vida inteira", ela diz. "Tudo que posso fazer é aceitar esse tipo de comentário com uma dose de ironia." ■

# *Elizabeth Bishop fala sobre sua poesia*

**Eileen McMahon, 1978**

*The New Paper (Bennington College)*, 4 de junho de 1978, 1, p. 6.

*Tradução*
Carolina Barcellos

Encontrei Elizabeth Bishop para tomar café da manhã e para uma entrevista um dia depois de sua leitura na universidade. Enquanto decidíamos se panquecas de mirtilo seriam ou não uma boa ideia, descobrimos que tínhamos um interesse comum nas ilhas do Maine. Daquele ponto em diante, nossa conversa girou em torno de memórias de aventuras de verão, velejar e viver em Cape e no Maine.

Transcrevi essas partes que, espero, revelem muito sobre a poeta e sua voz poética.

**Eileen McMahon:** Eu sei que você entrevistou T. S. Eliot quando era ainda estudante em Vassar. Como isso aconteceu?

**Elizabeth Bishop:** Foi muito engraçado. Eu trabalhava no jornal da faculdade e acredito que cursava o segundo ano. Eu não sei por que estava no jornal, mas ficava lá o tempo todo. Costumava frequentar as reuniões e embora não fosse responsável por muitas notícias, aquilo consumia muito tempo. O escritório tinha uma mesa comprida ao redor da qual todos se sentavam e diferentes pessoas escreviam diferentes coisas. Eu costumava abandonar as reuniões quase imediatamente e atravessar a rua para ir a um lugar chamado "The Popover Shop". Lá eu me sentava e escrevia cenas de humor bem curtinhas, editoriais ou poemas – poemas engraçados.

Acho que a editora-chefe, irmã de Eleanor Clark, pensou, e foi muito nobre da parte dela, que, como eu tinha publicado alguns poemas, deveria entrevistar T. S. Eliot.

Fiquei aterrorizada – doente mesmo. Exagerei nas roupas. Posso ver ainda: estava usando um terninho de verão com um sapato esporte bicolor. Foi um dia de calor escaldante, terrível. Naquela época, convidados de honra eram hospedados na suíte Andrew Vassar. O lugar era repleto de objetos antigos da era vitoriana. Eliot e eu sentamos em um sofá de crina de cavalo. Lembro que minhas pernas eram muito curtas e eu ficava escorregando do sofá. Ele parecia exausto e não parava de esfregar as sobrancelhas. Tinha dado uma palestra naquela tarde. Foi ótimo, ainda me lembro de algumas partes. Acho que ele me perguntou se eu me importaria se ele desfizesse o nó da gravata – o que, para Eliot, era como tirar a roupa toda.

Não sei dizer se cheguei a me sentir confortável, mas ele foi extremamente gentil. Algumas colegas e eu havíamos fundado uma revista, pois a revista da faculdade não publicava nada do que escrevíamos. De alguma forma, Eliot ficou sabendo disso, não sei como, e me perguntou. Pediu três cópias e escreveu uma nota simpática a respeito delas. Mais tarde, a revista oficial cedeu e decidiu publicar nossos trabalhos.

**EM:** Em uma entrevista com George Starbuck, a frase "Às vezes penso que se tivesse nascido homem, teria provavelmente escrito mais, ousado mais" foi atribuída a você.

**EB:** Ah, sim. Bem, acho que George estava se empenhando em me fazer dizer algo feminista ou antifeminista. Possivelmente, porque fui bem recebida quando era jovem, sinto que não escrevi tanto quanto poderia ter escrito se fosse homem.

**EM:** Você acha que há algo na percepção que as mulheres têm da vida, enquanto observadoras, que faz sua poesia diferente daquela produzida por homens?

**EB:** As experiências femininas são muito mais limitadas, mas isso não importa, realmente – há Emily Dickinson, por exemplo. Afinal, você precisa fazer as coisas funcionarem com o que tem.

Depende do temperamento de cada um, suponho. Algumas mulheres certamente podem escrever como Emily Dickinson, o tipo de poesia que não se vale de uma experiência em comum, enquanto pode haver alguma mulher morrendo de vontade de sair e escalar o monte Everest. Elas o fazem, imagino. Acham que não viveram até que tenham feito todas essas coisas, o que na verdade é uma grande bobagem.

**EM:** Você acha que há um poema em especial que apresenta a sua voz em toda a sua extensão?

**EB:** Não sei. Quem sou eu para dizer isso? A maioria dos poemas, se você gosta deles, geralmente acaba dizendo mais do que você imagina. Acho que todo mundo, quando publica o primeiro livro, ou mesmo depois, acha que aqueles poemas são muito bons, mas que não há razão para estarem juntos. No devido tempo, veem que há um fio condutor subjacente. Os críticos obviamente encontram as mais extraordinárias filosofias que jamais nos teriam ocorrido enquanto escrevíamos o poema.

**EM:** Você acha que ter estudado grego e latim na faculdade afetou a sua poesia?

**EB:** O latim provavelmente. Tive um professor excelente em Vassar. Eu me lembro de passar as manhãs de segunda-feira, durante alguns anos, escrevendo prosa em latim a partir do inglês. Não fui muito boa aluna na faculdade. Estava sempre distraída, mas realmente acredito que escrever em latim é o melhor exercício que existe.

Evelyn Waugh tem uma passagem muito boa na sua primeira autobiografia a respeito do valor da tradução em ambas as direções – de uma língua morta para as línguas vivas. Através da tradução, você aprende que certas palavras têm certos significados e que precisam ocupar determinados lugares em uma frase para surtirem efeito.

**EM:** Ben Bellit é professor de uma das oficinas de verso aqui em Bennington College. Você o conhece bem?

**EB:** Sim. Eu o conheço há vários anos, de Key West. Minhas memórias vão mais longe que as dele. No primeiro ano em que ele estava lá, lembro-me dele caminhando cedo pela manhã e me dizendo: "Escrevi 40 linhas esta manhã". Agora, ele diz que nunca dissera tais coisas. Mas ele disse, sim. Disse que escrevia 40 linhas por dia. Eu ficava impressionada.

**EM:** Com que frequência você escreve?

**EB:** Às vezes escrevo o dia inteiro, às vezes fico meses sem escrever uma linha.

**EM:** Por que você dedicou o poema "O tatu" a Robert Lowell?

**EB:** Visitei Robert em Castine, Maine, em 1957. Estava chegando do Brasil com uma amiga brasileira. Havia um problema com um gambá na porta dos fundos, onde o víamos usando uma lanterna. Então ele escreveu "Hora do gambá". Eu já tinha escrito "O tatu", e ele achou que o meu poema influenciou o dele, o que não era verdade. Era uma coisa muito séria, completamente diferente. Eu tinha um livro para ser publicado, e ele também. Pensei que seria bom ter algo dedicado a ele, já que o poema do gambá era tão lindo, mas eu não tinha nada. Então dediquei "O tatu" para ele depois que o escrevi. Acho isso muito engraçado. Marianne Moore dedicou um poema para a sua grande amiga, Hildegarde Watson, chamado "The Wood Weasel" [A doninha da floresta]. Se você ler as letras iniciais dos versos desde o topo, lerá Hildegarde Watson. Acho muito estranho que pessoas dediquem poemas sobre gambás a quem amam – sei de dois casos até agora.

**EM:** Quando você conheceu Randall Jarrell?

**EB:** Bem, ele estava em Nova York no inverno de 1947. Ele alugou um apartamento de Margaret Marshall, que naquela época era editora literária do *The Nation*, e tinha resolvido tirar um ano de folga. Acho que o conheci por ocasião de uma leitura pública. Enfim, nos conhecemos e ficamos amigos.

**EM:** Eu li o seu poema "Vadeando em Wellfleet". Fiquei curiosa para saber quanto tempo você passou em Cape.

**EB:** Eu gostava tanto de lá quando era adolescente. Mas Cape está tão diferente agora. Frequentei um acampamento de verão para velejadores em Wellfleet dos 12 aos 18 anos. O lugar não existe mais, mas era maravilhoso naquela época. O que eu mais gostava era velejar. Voltei lá alguns verões quando já estava na faculdade e aluguei uma casa perto da estrada de ferro por 25 dólares por mês. Aluguei um barco naqueles dois verões, mas não velejei muito mais depois disso.

Visitei Randall Jarrell em 1951, quando ele alugou uma casa para passar o verão em Orleans. Um dia ele me levou para um passeio de carro em Provincetown, e naqueles tempos Cape já tinha mudado completamente. Prometi nunca mais voltar. E nunca mais voltei. ■

# *Escritoras norte-americanas*

**Sheila Hale, 1978**

Extraído de *Harpers and Queens*, julho de 1978, p. 61-62.

*Tradução*
Carolina Barcellos

Boston parece ser o local apropriado para encontrar Elizabeth Bishop. Ela nasceu aqui perto, em Worcester, Massachusetts. Elizabeth tem aquele jeito acanhado e humor autodefensivo dos nativos da Nova Inglaterra. Mas, diferentemente de seu amigo Robert Lowell – que reconheceu sua influência sobre ele e a quem ela agora sucede, de acordo com grande parte dos críticos sérios, como a mais importante poeta norte-americana viva –, ela não está presa à Nova Inglaterra nem por raízes profundas, nem por temperamento. Elizabeth passou os primeiros anos de sua infância na Nova Escócia. E fala com carinho especial sobre dois ancestrais canadenses: o pintor George Hutchinson e William Hutchinson, "um capitão do mar que contornou o Cabo Horn até o Rio pela exata mesma rota que eu segui quando fui lá pela primeira vez, embora não soubesse ainda". Desde 1952, ela escolheu o Brasil para viver.

Elizabeth está em Boston agora, "porque os preços aumentaram no Brasil", e ela foi levada a aceitar o emprego de professora em Harvard, dando aulas de escrita em versos. Mas está feliz pois, aos 67 anos, atingiu a idade para se aposentar. "A coisa toda não fazia sentido. Há muito pouco para ser ensinado a eles. Aqueles que tinham talento estariam melhores em algum canto, lendo poesia; e aqueles que não o tinham poderiam estudar até economia. Implorei para que me deixassem lecionar prosa, porque, nos Estados Unidos, nem mesmo alunos da pós-graduação conseguem encadear cinco sentenças gramaticais, muito menos escrever em versos. Um de meus alunos era um herói do futebol americano, que escrevia muito bem, para a minha surpresa. Mas os únicos que tinham estudado gramática inglesa eram os estrangeiros. A poesia norte-americana está bem viva agora. Temos melhores poetas que a Inglaterra (embora eles tenham jornalistas muito melhores que os nossos), mas não acho que isso tenha alguma coisa a ver com todos esses cursos de escrita criativa. Como eu odeio a palavra 'criativo'!"

Ela encheu o seu apartamento, um desses armazéns antigos de frente para o mar e muito bem convertidos em moradia, com pertences que lembram lugares e momentos muito mais interessantes: a figura de proa em madeira de um antigo navio brasileiro, a caneta tinteiro feita de penas na forma de uma estátua de Santa Bárbara (santa padroeira dos escritores), os livros sobre viagens que são sua leitura preferida. Ninguém que conheça a poesia de Elizabeth Bishop se surpreenderá ao saber que ela tem talento também para a pintura e a música. Em outra vida, ela diz, teria escolhido a pintura, não a poesia. "É uma vida mais saudável, e pintores são mais divertidos que literatos. Quando fui para Vassar, queria compor. Então, depois da faculdade, decidi virar médica. Gostaria de fazer algo prático e útil com a minha vida. Certamente, nunca pretendi me tornar poeta. Mas comigo as coisas meio que simplesmente acontecem."

A poesia começou a acontecer na vida de Elizabeth quando tinha "sete ou oito ou nove" anos de idade. Quando criança, ela sofreu com uma asma crônica que, aliás, a perseguiu vida afora. "Durante anos fiquei deitada pelos cantos respirando com dificuldade e lendo. Então, descobri os poetas metafísicos. George Herbert, especialmente, foi a minha influência mais importante e duradoura. Coleridge disse a respeito dele (em um livro que encontrei num sebo quando tinha quatorze ou quinze anos) que ele escreveu sobre as coisas mais fantásticas que se pode imaginar em uma linguagem perfeitamente cotidiana. Isso é o que sempre tentei fazer. Se bem que atravessei uma fase (má) ao estilo de Hopkins – rimas e métricas elaboradas – depois que uma amiga no acampamento de verão me deu uma antologia com doze linhas de Hopkins, a quem não se tinha acesso de outra maneira por aqui."

"Auden influenciou todo mundo quando eu estava na faculdade. Ou não. O que você não podia fazer era ignorá-lo. Então, conheci Marianne Moore. Fanny Borden, a bibliotecária de Vassar, nos apresentou na Biblioteca pública de Nova York. Mary Moore sempre marcava os encontros do lado de fora da sala de leitura, pois assim podia fugir deles. Ela tinha 40 anos, e eu tinha 21, e estava morrendo de medo, mas nos demos bem. Marianne tinha uma personalidade incrível, e meus primeiros livros foram influenciados por ela, especialmente em relação ao assunto tratado. Mas essa conexão foi exagerada pelos críticos. Ela era silábica. Eu não sou assim."

"Mary McCarthy estava um ano à minha frente em Vassar (gosto de frisar esse ano de diferença). Fanny Borden é a mãe de Helena em *O grupo*. Eu não posso afirmar com certeza que *não* seja retratada em *O grupo* – a maioria daquelas mulheres era uma mistura de pessoas reais. Mas não fui tão afetada pelo período da Depressão norte-americana quanto alguns de meus contemporâneos; não tanto quanto meus amigos disseram que eu deveria ter sido. Sempre me interessei mais por coisas visuais que por política. Mas eu era, e sou, uma feminista; e é por isso que me recuso terminantemente a fazer parte de publicações e leituras públicas exclusivas para mulheres."

"Eu *odeio* imensamente ler o meu trabalho em público sob quaisquer circunstâncias. Depois da primeira vez que o fiz, parei durante 26 anos. Harvard é um lugar horrível para leituras. Eles são famosos por serem frios e você sente sua voz morrendo aos poucos. Quanto mais vamos para Oeste, melhor a audiência, pois não há ninguém querendo fazer alarde. A melhor audiência que já tive foi de crianças (na Escola Americana do Rio). Elas fizeram boas perguntas, como: 'Por que você escolheu essa palavra e não aquela?' Coisas simples, práticas, que são o jeito que você escreve, é claro." ■

# *A arte da poesia, n. 27: Elizabeth Bishop*

**Elizabeth Spires, 1978**

*Paris Review 23,*
1981, p. 56-83.

*Tradução*
Heci Regina Candiani

Esta entrevista aconteceu em Lewis Wharf, Boston, na tarde de 28 de junho de 1978, três dias antes de Elizabeth Bishop e dois amigos viajarem para North Heaven, uma ilha da baía de Penobscot, no Maine, onde ela passou o verão. De sua sala de estar no quarto andar do Lewis Wharf, tinha-se uma vista espetacular do porto de Boston. Quando cheguei, ela me levou imediatamente para a varanda para mostrar os pontos de referência da cidade, como a igreja de Old North ao longe, mencionando que o "*Old Ironsides*"* esteve atracado ali perto.

A sala era espaçosa e atraente, com piso de madeiras largas lustrosas, um teto luminoso, duas paredes de tijolos antigos e uma parede cheia de livros. Além de alguns móveis confortáveis e modernos, a sala tinha uma cadeira de balanço de jacarandá e outras peças antigas do Brasil, dois quadros de Loren MacIver, uma gigantesca concha de Key West e uma lareira de metal estilo Franklin, com lenha em cestas de vime também do Brasil. A peça que mais chamava a atenção era a grande carranca de uma fera desconhecida, de boca aberta, chifres e olhos azuis, pendurada em uma das paredes.

* Apelido do *USS Constitution*, construído em 1797, o mais antigo navio de guerra dos EUA então em operação. (N.T.)

Seu escritório, uma sala menor ao fim do corredor, era uma desordem só. Havia revistas literárias, livros e papéis empilhados por todos os cantos. Fotografias de Marianne Moore, Robert Lowell e outros amigos penduradas pelas paredes, uma delas de Dom Pedro, o último imperador do Brasil, que ela gosta de mostrar especialmente para suas visitas brasileiras. "Muitos não têm nem ideia de quem é ele", disse ela. "Esta foto foi feita depois de sua abdicação e pouco antes de sua morte – ele parecia muito triste." Sua mesa estava enfiada num canto, perto da única janela, que também dava vista para o Norte do porto.

Aos 67 anos, Elizabeth Bishop poderia ser descrita de modo direto e preciso pela palavra "admirável", seu cabelo curto, branco e armado contrasta com o rosto de uma nobreza notável. Ela usava uma túnica preta, relógio e brincos de ouro, calça cinza e sandálias japonesas marrons que a faziam parecer mais baixa do que seu 1,62 m de altura. Embora parecesse bem e de bom humor, ela reclamou de um recente ataque de febre e recusou-se a ser fotografada, com um comentário irônico: "Fotógrafos, corretores de seguros e agentes funerários são as piores formas de vida."

Sete ou oito meses depois, ao ler um perfil que escrevi para a revista *The Vassar Quarterly* (baseado nesta entrevista) e preocupada por ter soado como "a alma da frivolidade", ela me escreveu: "Gostei de uma entrevista que Fred Astaire deu uma vez, na qual ele se recusou a discutir 'a dança', suas parceiras ou sua 'carreira', e se ateve estritamente ao golfe – então, tenho esperança de que alguns leitores percebam que eu penso sobre ARTE de vez em quando, mesmo quando saio balbuciando por aí coisas com a profundidade de um córrego raso..."

Nota: Embora Elizabeth Bishop tenha tido a oportunidade de corrigir os trechos desta entrevista incluídos no artigo da *Vassar Quarterly*, ela nunca viu a entrevista como se apresenta aqui.

**Elizabeth Spires:** Sua sala é uma bela combinação entre o novo e o antigo. Há histórias por trás de alguns desses objetos, especialmente aquela carranca? É tão imponente.

**Elizabeth Bishop:** Eu morava em uma casa muito moderna no Brasil. Era muito bonita e quando finalmente me mudei, trouxe comigo as coisas de que mais gostava. Então, é só uma mistura. Gosto muito de coisas modernas, mas enquanto estava lá comprei tantas outras coisas que não podia deixá-las para trás. A carranca é do rio São Francisco. Algumas são mais bonitas, esta é bem feia.

**ES:** É para afastar os maus espíritos?

**EB:** Sim, acho que sim. Elas foram usadas por cerca de 50 anos em um trecho de trezentos a quinhentos quilômetros de rio. Não é nada comparado ao Amazonas, mas é o segundo maior rio do Brasil. Esta carranca é arte popular primitiva. Acho que até conheço quem a fez. Havia um homem negro que esculpiu vinte ou trinta destas, e é exatamente o seu estilo. Algumas são feitas de madeiras mais bonitas. Há uma famosa, "O cavalo vermelho", feita de jacarandá. É linda, bem grande como esta, um cavalo com a boca aberta, mas por algum motivo elas desapareceram todas. Viajei por uma semana por aquele rio em 1967 e não vi nenhuma delas. O barco, um navio a vapor com rodas de pás, foi construído em 1880 – como os do Mississippi –, e você não acredita como era pequeno. Lentamente, ele espirrou água por dias e dias ao longo do rio... Foi uma viagem bem divertida.

**ES:** Você passou tanto tempo viajando porque estava em busca do lugar perfeito?

**EB:** Não. Acho que não. Na verdade, não viajei tanto assim. O que aconteceu é que, embora não fosse rica, eu recebia uma pequena renda do meu pai, que morreu quando eu tinha 18 meses de vida, e quando terminei a faculdade, foi o suficiente para visitar alguns lugares. E fiz viagens extremamente baratas. Pude me sustentar no Brasil por alguns anos, mas hoje não poderia me manter. Mas a nota biográfica da primeira antologia de que participei dizia: "Oh, ela esteve no Marrocos, na Espanha, etc.", e isso foi repetido por muitos anos, mesmo que eu nunca tenha voltado a nenhum desses lugares. Mas nunca viajei como os estudantes de hoje viajam. Comparada a meus alunos, que parecem visitar o Nepal a cada feriado de Páscoa, nunca estive em lugar algum.

**ES:** Bom, sempre fica a impressão de que você é muito aventureira.

**EB:** Quero ir ao Alto Amazonas. Talvez eu vá. Você começa no Peru e desce pelo rio.

**ES:** Você escreve quando está no meio de uma viagem?

**EB:** Sim, às vezes. Depende. Eu costumo tomar notas, mas não sempre. E mantenho um diário. As duas viagens de que mais gostei foram à Amazônia e às ilhas Galápagos, há três ou quatro anos...

Gostaria muito de voltar à Itália porque não vi quase nada lá. E a Sicília. Veneza é maravilhosa. Florença, ao contrário, exige boa vontade, acho. Estive lá a última vez em 1964, com minha amiga brasileira. Alugamos um carro e percorremos o Norte da Itália por cinco ou seis semanas. Não fomos a Roma. Eu *preciso* voltar. Há tantas coisas que ainda não vi. Gosto de pintura provavelmente mais do que gosto de poesia. E faz anos que não retorno a Paris. Não gosto dos preços de lá!

**ES:** Você mencionou há pouco que viajará para North Heaven por vários dias. Serão "férias a trabalho"?

**EB:** Neste verão quero trabalhar bastante, porque realmente não faço nada há muito tempo e há algumas coisas que gostaria de terminar antes de morrer. Dois ou três poemas e dois contos longos. Talvez três. Às vezes, acho que não deveria continuar voltando a esse lugar que descobri por acaso em um anúncio na *Crimson*, de Harvard. Eu provavelmente deveria ir ver mais arte, catedrais e coisas assim. Mas sou tão apaixonada por esse lugar que continuo voltando lá. Da casa, você pode ver a água, uma vastidão de água e campos. As ilhas são lindas. Algumas delas brotam, em granito, e depois há os pinheiros negros. North Heaven não é exatamente assim, mas é muito bonita. A ilha é quase desabitada e as pessoas que têm casas lá são assustadoramente ricas. Provavelmente, se não fosse por essas pessoas, a ilha seria deserta como muitas ilhas do Maine, porque o povoado é minúsculo. Mas quase todos os habitantes trabalham – eles são pescadores de lagostas mas trabalham como caseiros... A eletricidade é bem precária. Dois verões atrás, era uma hora com eletricidade, uma hora sem. E eu estava lá com *duas* máquinas de escrever elétricas e não podia prosseguir com meu trabalho. Havia um cartaz na mercearia – que ficava a uns 30 quilômetros do continente – de um homem numa loja de ferramentas dizendo: "Quero uma extensão elétrica de 30 quilômetros de comprimento!" No ano passado eles se conectaram ao continente – colocaram cabos. Mas de vez em quando ainda acaba a energia.

**ES:** Então você compõe direto na máquina de escrever?

**EB:** Consigo escrever prosa a máquina. Poesia, não. Ninguém consegue ler minha letra, então escrevo as cartas a máquina. E treinei para poder escrever prosa na máquina, depois faço muitas correções. Mas para poesia uso um lápis. Às vezes, lá pela metade do poema, datilografo algumas linhas para ver como fica.

William Carlos Williams escrevia tudo a máquina. Robert Lowell escrevia em letra de fôrma, não aprendeu a datilografar. Escrevia tudo com letra de fôrma.

**ES:** Você nunca foi tão prolífera quanto muitos de seus contemporâneos. Você inicia muitos poemas e conclui poucos?

**EB:** Sim. Infelizmente, sim. Começo muitas coisas e depois desisto. Nos últimos anos não escrevi muito porque estava lecionando. Espero que agora, que estou livre e tenho uma Bolsa Guggenheim,* eu possa escrever muito mais.

**ES:** Quanto tempo você levou para concluir "O alce"?

**EB:** Foi engraçado. Comecei o poema há *anos* – vinte anos, pelo menos – e tinha uma pilha de anotações, as primeiras duas ou três estrofes e a última.

**ES:** É um poema tão onírico. Parece se mover como um ônibus.

**EB:** É tudo verdadeiro. A viagem de ônibus foi antes de eu ir para o Brasil. Fui visitar minha tia. Na verdade, eu peguei o ônibus errado. Ia para o lugar certo, mas não era o ônibus expresso que eu deveria ter pegado. Ele foi fazendo voltas, e tudo foi exatamente como descrevi, exceto aquela fala, "sete parentes". Quer dizer, não eram parentes de verdade, eram enteados e essas coisas, mas é a única coisa que não é muito verdadeira. Quis terminar o poema porque gostava dele, mas não conseguia enxergar a parte do meio, como chegar de um lugar a outro. E então, eu ainda morava em Cambridge, me pediram para ler um poema na cerimônia da sociedade Phi Beta Kappa de Harvard. Eu gostei da ideia e me lembrei que tinha outro poema inacabado. É sobre baleias e foi escrito há muito tempo também. Temo que nunca o publique, porque pareceria que estou tentando entrar na moda agora que as baleias são uma "causa".

**ES:** Mas o poema está terminado?

**EB:** Acho que poderia terminá-lo com facilidade. Vou levá-lo para o Maine comigo. Acho que vou colocar a data nele ou ninguém acreditará que o comecei há tanto tempo. Na época, entretanto, não consegui achar o poema sobre as baleias – isso foi em 1973 ou 1974 – então eu desencavei "O alce" e pensei: "talvez consiga terminá-lo", e

* Elizabeth Bishop recebeu duas vezes a Bolsa Guggenheim de poesia, em 1947 e em 1978, ano em que foi realizada esta entrevista. (N.E.)

terminei. No dia da cerimônia da sociedade Phi Beta Kappa (da qual nunca participei na faculdade), estávamos todos sentados no palco do Sanders Theater, e o homem que havia me pedido para ler o poema se debruçou sobre o presidente e me perguntou: "Qual o título de seu poema?". Eu disse: "*The Moose, 'M-o-o-s-e'*" [O alce]. Ele levantou, me apresentou e disse: "A professora Bishop lerá o poema intitulado 'The *Moos*' [Os mugidos]". Bom, eu fiquei em choque, e meu chapéu era grande demais, então o jornal publicou: "A professora Bishop leu um poema intitulado 'The Moose', e a aba de seu capelo balançava para frente e para trás sobre seu rosto como um limpador de para-brisa"!

O Glee Club* estava atrás de nós, e eles cantaram muito mal, eu achei, todos acharam. Um amigo que não pôde estar presente, mas trabalhava em uma das casas de Harvard e conhecia alguns dos integrantes do Glee, perguntou, quando eles voltaram da cerimônia em suas jaquetas vermelhas: "E então, como foi?" Ele disse: "Ah, tudo certo, mas não cantamos bem" – o que era verdade – e depois ele disse: "Uma mulher leu um poema". Meu amigo perguntou: "Como foi?". E ele disse: "Bom, para um poema, até que não foi tão ruim"!

**ES:** Você já recebeu alguns poemas como se fossem dádivas? Poemas que escreveram a si mesmos?

**EB:** Oh, sim. De vez em quando acontece. Minha vida inteira sempre quis escrever um *villanelle***, mas nunca consegui. Eu os começava, mas por algum motivo nunca conseguia terminar. E então, um dia, eu nem consegui acreditar – foi como escrever uma carta***. Havia uma rima que eu não conseguia encontrar, que terminava em e-n-t, um amigo meu, o poeta Frank Bidart, veio me visitar e eu falei, "Frank, me dá uma rima". Ele me deu uma palavra de improviso e a usei. Mas nem ele nem eu conseguimos lembrar qual foi a palavra. Mas essas coisas não acontecem com frequência. Talvez alguns poetas sempre escrevam dessa forma. Não sei.

**ES:** Você não costumava dar rimas para Marianne Moore?

---

* Tradicional coro de vozes masculinas que existe em várias universidades dos Estados Unidos, entre elas, Harvard. (N.T.)

** Poema composto de cinco tercetos e um quarteto, no total de dezenove versos, com dois refrões e duas rimas repetidas. (N.T.)

*** O poema é "Uma arte", em *Geografia III*.

**EB:** Sim, quando ela estava traduzindo La Fontaine. Ela me telefonava e lia algo para mim, quando eu estava em Nova York – naquela época, eu estava quase sempre no Brasil – e dizia que precisava de uma rima. Ela dizia que gostava muito de rimas e métricas. Às vezes era difícil saber se seu comentário era uma provocação. Ela tinha um lado celta capaz de manter esse tipo de mistério.

**ES:** Os críticos dizem que seus poemas mais recentes são menos formais, mais "abertos", digamos. Eles afirmam que *Geografia III* tem mais de "você", um maior alcance emocional. Você concorda com essa percepção?

**EB:** Isso é o que os críticos dizem. Nunca escrevi as coisas que gostaria de escrever sobre coisas que admirei a vida toda. Talvez ninguém escreva. Os críticos dizem coisas incríveis!

**ES:** Estive lendo um livro crítico sobre você, escrito por Anne Stevenson. Ela diz que em seus poemas a natureza é neutra.

**EB:** Sim, eu me lembro da palavra "neutra". Não tive muita certeza sobre o que ela quis dizer com isso.

**ES:** Achei que ela queria dizer que se a natureza é neutra não há um espírito ou força condutora.

**EB:** Perguntaram a alguém famoso – não consigo me lembrar quem –, alguém muito famoso, se ele pudesse fazer uma pergunta à Esfinge e obter uma resposta, que pergunta seria. Ele disse: "A natureza está a nosso favor ou contra nós?" Bom, nunca pensei que fosse uma coisa ou outra. Eu gosto do campo, mais ainda do litoral, e se eu soubesse dirigir, provavelmente moraria no campo. Infelizmente, nunca aprendi a dirigir. Comprei dois carros. Pelo menos. No Brasil, tive por alguns anos um MG que eu adorava. Morávamos no alto de uma montanha e demorava pelo menos uma hora para chegar a algum lugar onde eu pudesse praticar. E, na verdade, ninguém tinha tempo para tirar uma tarde de folga e me dar aulas de direção. Então, nunca tirei minha habilitação. De qualquer forma, eu *nunca* dirigiria no Rio. E se você não sabe dirigir, você não pode morar no campo.

**ES:** Você tem aqui o quadro que seu tio pintou? Aquele "do tamanho de uma nota antiga de dólar"* sobre o qual você escreveu em "Poema"?

* No original: "[...] about the size of an old-style dollar bill".

**EB:** Claro. Você quer ver? Não é uma pintura muito boa, e achei melhor não pendurá-la. Na verdade, ele era meu tio-avô. Nunca o conheci.

**ES:** De fato, as vacas são feitas com apenas uma ou duas pinceladas!

**EB:** Exagerei um pouquinho. Há detalhes no poema que não estão no quadro. Não me lembro bem quais. Meu tio pintou outro quadro quando ele tinha quatorze ou quinze anos sobre o qual escrevi em um de meus primeiros poemas ["Uma pintura grande e feia"]. Os dois quadros eram de uma tia que vivia em Montreal, eles ficavam no corredor de entrada da casa dela. Eu queria muito ficar com eles e uma vez fui até lá disposta a comprá-los, mas ela não queria me vender. Ela era meio avarenta. Morreu alguns anos atrás, e não sei quem ficou com o quadro maior.

**ES:** Quando você me mostrou seu escritório, percebi uma moldura tipo caixa pendurada no corredor. É uma obra de Joseph Cornell?

**EB:** Não, eu mesma fiz. É uma de minhas pequenas obras. É sobre a mortalidade infantil no Brasil, chama-se *anjinhos*. É como os brasileiros chamam os bebês e crianças pequenas que morrem.

**ES:** O que significam aqueles objetos?

**EB:** Encontrei uma sandália de criança boiando numa praia a Leste do Rio, era Natal, e eu finalmente decidi o que fazer com aquilo. A chupeta era de borracha vermelha brilhante. São vendidas em grandes garrafas ou jarras nas farmácias brasileiras. Decidi que ela não podia ser vermelha e a tingi com goma-laca preta. Um sobrinho de minha amiga brasileira, um jovem muito inteligente, veio me chamar enquanto eu estava fazendo isso. Trouxe dois roqueiros norte-americanos, e nós falamos, falamos e falamos e eu nem me lembrei de explicar para eles o que eu estava fazendo. Quando eles foram embora, eu pensei: "Meu Deus, eles vão achar que eu sou uma bruxa ou coisa do tipo".

**ES:** E as garrafinhas e panelinhas cheias de arroz?

**EB:** Ah, são coisas que as crianças usam para brincar. E, claro, arroz e feijão preto, que é o que os brasileiros comem todos os dias.

Cornell é ótimo. A primeira obra que vi foi *Medici Slot Machine* [Máquina de venda dos Médici], quando eu estava na faculdade. Adorei. Pensar que alguém possa ter comprado daquelas coisas à época.

Ele era muito estranho. Tinha uma queda por cantoras de ópera e bailarinas. Quando vi sua exposição em Nova York, há dois anos, quase desmaiei, porque um dos meus livros favoritos é um dos livros de que ele gostava e que usou. É um livrinho que um cientista inglês escreveu para crianças sobre bolhas de sabão [*Soap Bubbles: Their Colors and the Forces Which Mold Them* – em português, "Bolhas de sabão: suas cores e a força que as molda" –, de Sir C. V. Boys, 1889].

A irmã dele começou a me escrever depois que ela leu o poema de Octavio Paz para Cornell, que eu traduzi. (Ela não lê em espanhol.) Ela me mandou uma gramática alemão-francês que ele aparentemente pretendia usar em alguma obra, mas nunca usou. Várias páginas estavam dobradas em forma de estrelas com tinta vermelha em volta... Ele morava em um lugar chamado Elysian Park [Parque das Felicidades]. É um endereço muito estranho.

**ES:** Até recentemente, você estava entre os poucos poetas que não ganhava a vida lecionando ou fazendo leituras. Por que você decidiu começar a fazer as duas coisas?

**EB:** Nunca quis lecionar na vida. Optei por isso porque eu queria me mudar do Brasil e precisava do dinheiro. Desde 1970, comecei a ficar *atolada* em poemas que as pessoas me enviavam. Elas começam a fazer isso quando sabem que você está no país. No Brasil eu recebia poemas, mas não tantos. Eles se extraviam nos correios com frequência. Não acredito que se possa ensinar poesia, mas é isso que querem que se faça. Você vê tantos poemas por semana que perde a capacidade de julgar.

Em relação às leituras, fiz uma em 1947 na Faculdade Wellesley, dois meses depois do lançamento de meu primeiro livro. E fiquei *doente* dias antes. Foi absurdo. Depois fiz uma leitura em Washington em 1949 e fiquei doente de novo, e ninguém conseguia me ouvir. E depois parei por vinte e seis anos. Agora já não me preocupo com as leituras. Superei um pouco da minha timidez. Acho que dar aulas ajuda. Percebi que professores não são tímidos. É mais provável que sejam agressivos. Acabam se tornando agressivos.

**ES:** Você fez algum curso de redação quando era estudante?

**EB:** Quando eu estudava na Vassar, fiz os cursos de literatura dos séculos XVI, XVII e XVIII e um curso sobre romance. Eram cursos que exigiam muita leitura. Acho que não acredito nada em cursos de redação. Não havia nenhum lá naquela época. Havia um curso de escrita poética à noite, mas não contava créditos. Alguns de meus amigos o fizeram, mas eu nunca fiz.

A palavra "criativo" me deixa louca. Não gosto de encarar a escrita como terapia. Muitos anos atrás, eu estava no hospital, e alguém me deu um livro de Kenneth Koch, *Rose, Where Did You Get That Red?* [Rosa, de onde vem esse vermelho?]. E é verdade, as crianças às vezes escrevem coisas maravilhosas, pintam cenas maravilhosas, mas acho que elas deveriam ser desencorajadas. Pelo que tenho lido e escutado, o número de alunos nos cursos de literatura de departamentos de inglês tem caído enormemente. Mas, ao mesmo tempo, o número de alunos que querem entrar nos cursos de redação parece aumentar e aumentar. É comum que haja dois ou três desses cursos a cada ano em Harvard. Eu recebia quarenta inscrições para dez ou doze vagas. Cinquenta, às vezes. Foi aumentando e aumentando. Não sei se eles buscam esses cursos para compensar as preocupações com a vida prática ou algo assim.

**ES:** Acho que as pessoas querem poder dizer que fazem algo criativo como moldar cerâmica ou escrever poemas.

**EB:** Em março eu voltei de uma temporada de leitura na Carolina do Norte e no Arkansas, e juro que, se eu vir mais algum artesanato, vou ficar louca. Acho que devíamos ir direto para as máquinas. Quem pode usar tantos cintos de couro, afinal. Desculpe. Talvez você faça algumas dessas coisas.

**ES:** Muitos desconhecidos lhe mandam poemas?

**EB:** Sim. É muito difícil saber o que fazer. Às vezes, eu respondo. Recebi a carta de um fã outro dia e era adorável. Estava escrita à mão, numa letra infantil. O nome dele era Jimmy Sparks, e ele era aluno do sexto ano. Disse que sua turma estava montando um livreto de poemas e que ele gostou muito dos meus – mencionou três –, porque tinham rimas e falavam da natureza. A carta era uma graça e mandei um cartão postal para ele. Acho que esperavam que ele me pedisse um poema escrito à mão ou uma fotografia – as escolas fazem isso o tempo todo –, mas ele não mencionou nada disso, e tenho certeza de que ele esqueceu de sua missão.

**ES:** Quais eram os três poemas de que ele gostou? "O maçarico"?

**EB:** Sim, e um sobre o espelho e a lua, "Insônia", que Marianne Moore disse que é um poema de amor barato.

**ES:** Aquele que termina "...e tu me amas"?*

**EB:** Isso. Nunca gostei dele, quase deixei de publicá-lo. Mas no ano passado ele foi musicado por Elliott Carter com outros cinco poemas meus** e soou muito melhor como canção. Sim, Marianne se opôs fortemente a esse poema.

**ES:** Talvez ela não tenha gostado do último verso.

**EB:** Acho que ela nunca acreditou muito em falar sobre emoções.

**ES:** Voltando a falar sobre dar aulas, você pedia aos alunos exercícios de forma, como escrever um *villanelle*, por exemplo?

**EB:** Sim. Fiz uma lista de exercícios semanais que passava para os alunos. Mas, a cada duas ou três semanas, o exercício era livre, e eles podiam entregar o que quisessem. Algumas turmas eram tão prolíferas, que eu declarava moratória. Eu dizia: "Por favor, ninguém escreva mais nenhum poema por duas semanas!".

**ES:** Você acha que é possível generalizar e afirmar que escritores iniciantes escrevem melhor em forma fixa do que em verso livre?

**EB:** Não sei. Nós fizemos uma sestina*** – começamos uma na classe sorteando palavras de dentro de um chapéu –, o que eu desejaria nunca ter feito, porque aquilo *correu* por Harvard. Depois, nas inscrições para minhas aulas, eu recebia dúzias de sestinas. Os alunos deviam pensar que era minha forma preferida – e não é.

**ES:** Uma vez tentei escrever uma sestina sobre uma mulher que assiste a novelas o dia todo.

**EB:** Você assistia às novelas na faculdade?

**ES:** Não.

**EB:** Bom, em Harvard é moda. Há dois ou três anos eu dei um curso de prosa e descobri que meus alunos assistiam às novelas de manhã e à tarde. Não sei quando eles estudavam. Então, assisti umas duas ou três vezes, só para ver como era. É tão *entediante*! E os anúncios! Um aluno escreveu um conto sobre um velho que se

* No original: *"...and you love me"*. (N.T.)

** "Anaphora" [Anáfora], "The Sandpiper" [O maçarico], "Argument" [Discussão], "O Breath" [Fôlego], e "View of the Capitol from the Library of Congress' [O Capitólio visto da Biblioteca do Congresso].

*** Poema de seis estrofes de seis versos e uma estrofe final de três versos, em que as palavras finais da primeira estrofe se repetem nas demais, mas em ordem diferente. (N.T.)

preparava para receber uma senhora (que na verdade era um fantasma) para jantar, e ele lustrou o prato até que pudesse ver seu rosto nele. Estava muito bem escrito, então eu li um trecho para a classe, e disse: "Mas vejam, é impossível. Você nunca poderá ver seu rosto refletido em um prato." A turma inteira, em uníssono, disse: "Joy!" [Alegria]. Eu disse: "O quê? Do que vocês estão falando?" Enfim, parece que existe um anúncio de um detergente chamado Joy em que uma mulher segura um prato e se vê refletida nele – sabe qual é? Ainda assim, é impossível. Achei isso muito inquietante. A TV era *real*, e ninguém percebeu que não era. Como quando Aristóteles tinha certeza, e por séculos ninguém o contestou dizendo que as mulheres *não têm* menos dentes do que os homens.

Um amigo me trouxe uma pequena TV preto e branco quando eu morava no Brasil. Nós a demos à empregada quase imediatamente porque só a ligávamos quando tinha algo como um discurso político ou uma revolução acontecendo. Ela adorou. Dormia com a TV na cama. Acho que tinha tanta importância para ela porque ela não sabia ler. Naquele ano tinha uma novela chamada *O direito de nascer*, que mudou toda a rotina da sociedade carioca porque passava das oito às nove. O jantar era normalmente às oito, então, ou você jantava antes, para a empregada poder ver *O direito de nascer*, ou você jantava bem depois, quando a novela tivesse terminado. Nós jantávamos lá pelas dez para Joana poder ver essa coisa. Então decidi que eu também veria, passou a ser uma coisa chique, e todo mundo falava sobre isso. Era medonho. Eles pegaram o programa mexicano e o adaptaram para o português. Era de muito mau gosto e muito sensacionalista. Corpos em caixões, milagres, freiras, até incesto.

Eu tinha amigos em Belo Horizonte, a mãe deles e a cozinheira assistiam às novelas todas as noites. A cozinheira ficava tão agitada que falava para a tela: "Não! Não! Não faz isso, você sabe que ele é um homem ruim, dona qualquer coisa". Elas ficavam tão agitadas, que choravam. E eu soube de duas senhoras, irmãs, que ganharam uma TV. Elas tricotavam e assistiam à novela, choravam, até que uma delas se levantava e falava: "Com licença, preciso ir ao banheiro", para o aparelho.

**ES:** Você morava no Brasil quando ganhou o Prêmio Pulitzer, em 1956, não morava?

**EB:** Sim, foi bem engraçado. Morávamos no alto de uma montanha – quase penduradas no ar. Eu estava sozinha em casa com a Maria, a cozinheira. Minha amiga tinha ido à feira. O telefone tocou. Era o jornalista da Embaixada dos Estados Unidos, e ele perguntou quem estava falando, em inglês, e, claro, era muito raro ouvir alguém falar em inglês. Ele disse: "Você sabe quem ganhou o Prêmio Pulitzer?" Pensei que fosse brincadeira e disse: "Ah, fala sério!" E ele: "Você não está me ouvindo?" A conexão telefônica era muito ruim e ele estava berrando. Eu disse: "Não pode ser." Mas ele disse que não era brincadeira. Eu não consegui impressionar Maria com essa notícia, mas sentia que precisava compartilhá-la, então desci a montanha correndo quase um quilômetro até a casa vizinha, mas não tinha ninguém em casa. Pensei que eu tinha que fazer algo para comemorar, tomar uma taça de vinho ou algo assim. Mas tudo que consegui encontrar na casa, que era de um amigo, foram *cookies* dos Estados Unidos, uns *cookies* horríveis – Oreos, eu acho – e acabei comendo dois deles. E foi assim que eu comemorei por ter ganhado o Prêmio Pulitzer.

No dia seguinte, havia uma foto minha no jornal vespertino – eles levam essas coisas muito a sério no Brasil – e dois dias depois minha amiga brasileira foi novamente à feira. Havia uma grande feira coberta com barracas para todos os tipos de alimentos e um verdureiro, onde sempre comprávamos, perguntou: "Não era a foto da dona Elizabétchi no jornal de ontem?" Ela disse: "Era, sim, ela ganhou um prêmio." E ele: "Sabe, é incrível. Na semana passada, a senhora (disse um nome) apostou numa bicicleta e *ela* ganhou! Meus clientes são muito sortudos!" Isso não é maravilhoso?

**ES:** Eu gostaria de falar um pouco de seus contos, especialmente "In the Village" [No vilarejo], do qual sempre gostei. Você vê alguma relação, além, é claro, de terem o mesmo tema em comum, entre seus poemas e seus contos? No "método de abordagem", por exemplo?

**EB:** Há uma relação muito próxima. Suspeito que muitos dos contos que escrevi são na verdade poemas em prosa, e não bons contos. Tenho quatro que são sobre a Nova Escócia. Um deles foi publicado no ano passado na *Southern Review*. E agora estou trabalhando em um conto longo, que espero concluir neste verão... "No vilarejo" foi engraçado. Eu havia feito notas para vários trechos e tinha tomado muita cortisona – sofro de uma grave asma vez ou outra –, o que faz você não sentir sono. Você se sente maravilhosa quando está sob o efeito da cortisona, mas para sair dele é horrível. Então, eu não conseguia dormir muito e passei a noite toda sentada sob o calor tropical. O conto veio de uma combinação da cortisona, acho eu, com o gim e a tônica que bebi no meio da noite. Eu o escrevi em duas noites.

**ES:** Incrível, é um conto muito, muito longo.

**EB:** Extraordinário. Gostaria de poder fazer isso de novo, mas nunca mais vou tomar cortisona, se eu puder evitar.

**ES:** Sempre me interesso em saber como escritores diferentes abordam suas infâncias em seus textos.

**EB:** Todos escrevem. Suponho que não se possa evitar. Você é um observador medroso na infância. Percebe todos os tipos de coisas, mas não dispõe de meios para ordenar tudo. Minhas memórias daquela época são muito mais claras do que a de coisas que aconteceram em 1950, digamos. Mas não acho que se deve fazer um culto ao ato de escrever sobre a infância. Sempre tentei evitar isso. Sei que escrevi um pouco sobre isso, reconheço. Eu ia a uma analista de vez em quando, quando eu tinha meus quarenta anos, uma mulher muito bacana que se interessava especialmente por escritores, escritores e negros. Ela disse que era impressionante como eu conseguia me lembrar de coisas que aconteceram quando eu tinha dois anos. É muito raro, mas, aparentemente, não é raro entre escritores.

**ES:** Você sabe qual é a sua primeira lembrança da infância?

**EB:** Acho que me lembro de aprender a andar. Minha mãe estava fora, e minha avó tentava me encorajar a andar. Isso foi no Canadá, e ela tinha muitas plantas na janela, como é comum entre as senhoras de lá. Eu me lembro dessa confusão de plantas e de minha avó esticando os braços para mim. Devo ter dado alguns passos. Parece que é uma lembrança. É muito nebuloso. Muitos anos depois, contei isso para minha avó, e ela disse: "Sim, você aprendeu a andar enquanto sua mãe estava visitando alguém." Mas você aprende a andar quando tem um ano de idade, não é?

Eu me lembro de minha mãe me levando para um passeio num dos barcos de cisne aqui em Boston. Ela estava vestida toda de preto – as viúvas eram chiques naquela época. Ela tinha uma caixa com amendoins e passas misturados. Havia cisnes de verdade flutuando na água. Acho que eles não existem mais. Um cisne se aproximou, e ela o alimentou, e ele bicou o dedo dela. Talvez ela tenha me contado isso, mas eu acreditei, porque ela me mostrou sua luva de pelica preta e disse: "Veja." O dedo estava furado. Bom, eu fiquei agitadíssima. Robert Lowell colocou esses barcos de cisne em dois ou três poemas de *Lord Weary's Castle* [O castelo de lorde Weary].

**ES:** Sua infância foi difícil e, mesmo assim, em seus contos e poemas sobre aquela época, há aspectos extremamente líricos e também um grande senso de perda e tragédia.

**EB:** Meu pai morreu, minha mãe enlouqueceu quando eu tinha quatro ou cinco anos. Meus parentes, acho que sentiram tanta pena dessa criança, que todos tentaram dar o melhor de si. E acho que conseguiram. Morei com meus avós da Nova Escócia. Depois com os de Worcester, Massachusetts, por pouco tempo, e fiquei muito doente. Isso quando eu tinha seis ou sete anos. Depois morei com a irmã mais velha de minha mãe em Boston. Costumava ir para a Nova Escócia passar o verão. Quando eu tinha doze ou treze anos, estava madura o suficiente para ir para o acampamento de verão de Wellfleet, até que fui para o colégio interno quando tinha quinze ou dezesseis anos. Minha tia se dedicou a mim e era maravilhosa. Ela era casada e não tinha filhos. Mas meu relacionamento com meus parentes – eu sempre fui uma espécie de visita e acho que sempre me senti assim.

**ES:** Sua adolescência foi tranquila?

**EB:** Eu era muito romântica. Uma vez caminhei do farol de Nauset – acho que ele nem existe mais –, que fica no começo do Cabo Cod, até a ponta, Provincetown, sozinha. Levei uma noite e um dia. Às vezes eu ia nadando, mas naquela época a praia era totalmente deserta. Não havia nada na beira da praia, nenhum prédio.

**ES:** Quantos anos você tinha?

**EB:** Dezessete ou dezoito. É por isso que nunca vou voltar, não suporto pensar em como o lugar está agora... Não volto a Nantucket desde, bom, nem gosto de falar. No meu último ano de faculdade fui para lá no Natal com meu namorado na época. Ninguém ficou sabendo que estávamos lá. Foi uma viagem maravilhosa, romântica. Chegamos um dia depois do Natal e ficamos por uma semana. Fazia um frio terrível, mas estava lindo. Fizemos longas caminhadas no ancoradouro. Ficamos numa pousada muito agradável e pensamos que a proprietária ia nos expulsar (nós éramos muito jovens, e esse tipo de coisa não era comum na época). Bebemos uma garrafa de xerez ou alguma coisa inocente desse tipo. Na véspera do Ano Novo, por volta das dez horas, bateram na porta. Era a proprietária, com uma bandeja de bebidas. Ela entrou, e nos divertimos muito. Ela conhecia as pessoas que cuidavam do museu, e eles abriram as portas para a gente. Tem alguns ótimos museus lá.

**ES:** Ouvi uma história de que, uma vez, você passou a noite em uma árvore, do lado de fora do dormitório Cushing, em Vassar. É verdade?

**EB:** Sim, fui eu, eu e uma amiga cujo nome não consigo me lembrar. Nós éramos doidas mesmo, e aquelas árvores eram ótimas para escalar. Eu era uma ótima escaladora de árvores. Mas nós provavelmente desistimos lá pelas três da manhã. De onde veio essa ideia? Nem imagino. Depois disso, deixamos de ser amigas. Na verdade, ela tinha convidado dois garotos da Academia Militar de West Point para o fim de semana, e eu me vi *presa* com esses jovens uniformizados – [ela desenha no ar a capa e as vestimentas da Academia] – o cara mais chato! Eu não sabia o que dizer. Quase fiquei louca. Acho que abandonei a amiga nessa hora... Eu morava em um quarto grande, de canto, no último andar do Cushing e tinha a colega de quarto que nunca quis ter. Uma garota estranha chamada Constance. Lembro que o lado dela no quarto era todo decorado com cães escoceses – travesseiros, quadros, gravuras e fotografias. O meu era quase vazio. Mas eu também não devia ser uma boa colega de quarto naquela época, porque eu tinha uma teoria de que a pessoa deveria anotar todos os seus sonhos. Então, eu tinha um caderno de sonhos e eu achava que se você comesse muito queijo fedido na hora de dormir, você teria sonhos interessantes. Fui para Vassar com um pote deste tamanho – ele tinha uma tampa – de queijo Roquefort, que eu deixava na parte de baixo da estante... Acho que todo mundo é dado a excentricidades nessa idade. Ouvi dizer que, em Oxford, Auden dormia com um revólver sob o travesseiro.

**ES:** Quando jovem, você tinha a percepção de si mesma como uma escritora?

**EB:** Não, essas coisas só acontecem sem você pensar nelas. Nunca pretendi ir para o Brasil. Nunca pretendi fazer nenhuma dessas coisas. Receio que na minha vida tudo apenas *aconteceu*.

**ES:** Você gosta de imaginar que há motivos.

**EB:** Sim, que as pessoas fazem planos, mas receio que eu não.

**ES:** Mas você sempre quis escrever?

**EB:** Eu escrevia desde criança, mas, quando fui para Vassar, era para ser compositora. Estudei música em Walnut Hill e tive uma boa professora. Fiz um ano de contraponto e também toquei piano. Em Vassar você tem de se apresentar em público uma vez por mês. Isso me apavorava. Eu ficava doente de verdade. Então toquei uma vez e depois desisti do piano porque não conseguia suportar a situação. Acho que hoje não me incomodaria, mas não sei mais tocar piano. Então, no ano seguinte, eu me transferi para o curso de inglês.

Era uma turma de literatos. Mary McCarthy estava um ano na minha frente. Eleanor Clark estava na minha turma. E Muriel Rukeyser era caloura. Lançamos uma revista de que você deve ter ouvido falar, *Con Spirito*. Acho que eu estava no penúltimo ano. Éramos seis ou sete – Mary, Eleanor Clark e sua irmã mais velha, minhas amigas Margaret Miller e Fani Blough e mais umas duas pessoas. Foi durante a Lei Seca, e nós costumávamos ir para o centro, numa taberna clandestina, bebíamos vinho em xícaras de chá. Era nosso maior vício. Medonho! A maioria de nós tinha enviado textos para a *Vassar Review*, que foram rejeitados. Eles eram bem antiquados na época. Ficamos todos ofendidos porque achávamos que éramos bons. Então, pensamos: "Bom, vamos começar nossa própria revista". Achamos melhor que fosse anônima, e foi. Depois da terceira edição, a *Vassar Review* mudou de opinião e uns dois de nossos editores se tornaram editores deles e publicaram nossos textos. Mas nos divertimos muito fazendo a revista, enquanto ela durou.

**ES:** Li em uma das suas entrevistas que depois da faculdade você se matriculou ou queria se matricular na escola de medicina da Cornell.

**EB:** Acho que preenchi todos os formulários. Foi um ano depois de me graduar em Vassar. Mas aí descobri que eu precisaria fazer aulas de alemão e eu já tinha desistido do alemão uma vez, achei muito difícil. E também teria de cursar mais um ano de química. Eu já havia publicado algumas coisas e acho que Marianne [Moore] me desencorajou, então não fui. Em vez disso, parti para a Europa.

**ES:** A Depressão era uma realidade muito presente para os estudantes universitários nos anos trinta?

**EB:** Todo mundo estava desvairado em busca de empregos. Todos os intelectuais eram comunistas, menos eu. Sempre fui muito teimosa, então passei a gostar de T. S. Eliot e de anglo-catolicismo. Mas o espírito era bem radical. É engraçado. A garota que era a mais radical – ela estava um ano na minha frente – foi casada por anos e anos com um dos diretores da *Time-Life*. Esqueci o nome dele. Ele é muito famoso e não poderia ser mais conservador. Escreve editoriais chocantes. E eu ainda posso vê-la do lado de fora da biblioteca pedindo trocados para uma causa ou outra.

**ES:** Você desejava ser compositora, médica ou escritora – como você analisa isso?

**EB:** Oh, eu me interessava por todas essas coisas. E mais do que tudo, queria ser pintora. Na verdade, nunca me sentei e disse a mim mesma: "Vou ser poeta." Nunca em minha vida. Ainda me surpreende que as pessoas achem que sou... Comecei a publicar textos no meu último ano de faculdade, acho, e me lembro do primeiro cheque que recebi, de trinta e cinco dólares, e aquele foi um momento muito emocionante. Foi algo chamado *The Magazine*, publicada na Califórnia. Eles aceitaram um poema, aceitaram um conto – ai, eu gostaria que aqueles poemas nunca tivessem sido publicados! Eram péssimos! Eu mostrei o cheque para minha colega de quarto. Eu trabalhava para o jornal, *The Miscellany* – e eu realmente era, não sei, enigmática. No comitê editorial, eles costumavam se sentar e discutir sobre como conseguir ser publicados e tal. E eu segurando a minha língua. Fiquei constrangida com isso. E ainda fico. Nada é mais constrangedor do que ser poeta, na verdade.

**ES:** É particularmente difícil explicar o que você faz para pessoas que você acaba de conhecer.

**EB:** Na semana passada, eu e uma amiga visitamos uma senhora que conheço em Quebec. Ela tem setenta e quatro ou setenta e cinco anos. E ela não disse isso para mim, mas disse para minha amiga, Alice: "Eu queria convidar minha vizinha para jantar, ela é tão bacana, mas ela com certeza perguntaria a Elizabeth o que ela faz e se Elizabeth dissesse que escreve poesia a pobre mulher não diria mais nenhuma palavra a noite toda". Isso é horrível, sabe, e acho que não importa o quanto você se sinta modesta ou o quanto que se ache insignificante, deve existir um núcleo horrível de ego em algum lugar que coloca você para escrever poesia. Nunca o *senti*, mas deve existir.

**ES:** Na carta que você me escreveu, você parecia receosa em conceder entrevistas. Você sente que as entrevistas distorceram sua imagem? Por exemplo, que sua recusa em integrar uma antologia de mulheres poetas pode ter sido compreendida erroneamente como se você desaprovasse o movimento feminista?

**EB:** Sempre me considerei fortemente feminista. Recentemente fui entrevistada por uma repórter do *Chicago Tribune*. Depois de conversarmos alguns minutos, percebi que ela queria me apresentar como alguém "antiquada" em contraposição a Erica Jong e Adrienne Rich, de quem eu gosto, e outras pessoas intensamente feministas. O que não é verdade de maneira alguma. Acabei perguntando se ela já havia lido algum dos meus poemas. Bom, parece que ela tinha lido *um* poema. Não entendo como ela poderia me entrevistar se não sabia nada a meu respeito, e eu disse isso a ela. Ela foi bastante gentil e fez um artigo no *Chicago Tribune*, separado do artigo dedicado às demais. Eu havia dito que não acreditava no uso da poesia para propaganda política. Isso raramente funcionou. A citação que ela colocou foi: "Bishop não acredita que a poesia deva expressar a filosofia pessoal do poeta". O que me fez parecer uma perfeita pateta. De onde ela tirou isso, eu não sei. É por isso que as pessoas ficam nervosas com entrevistas.

**ES:** Em geral, você concorda com as escolhas dos antologistas? Você tem alguns poemas entre seus favoritos que gostaria que estivessem em antologias e que não estão?

**EB:** Eu preferiria – bem, qualquer um menos "O peixe"! Declarei moratória a ele. Os antologistas se repetem. Então, finalmente, alguns anos atrás, eu disse que ninguém poderia republicar "O peixe", exceto se republicassem outros três poemas, porque me cansei disso.

**ES:** Mais uma ou duas perguntas. Você foi a Yaddo várias vezes no início de sua carreira. Você considerava benéfico, para sua escrita, o ambiente de uma colônia para artistas?

**EB:** Fui a Yaddo duas vezes: uma vez no verão, por duas semanas, e por vários meses no inverno antes de ir para o Brasil. Na época, a senhora Ames estava muito em evidência. Não gostei de lá no verão por causa do entra e sai incessante, mas no inverno foi bem diferente. Éramos apenas seis, e por sorte todos gostamos uns dos outros e nos divertimos muito; eu escrevi um poema, acho, naquele tempo todo. Receio que, da primeira vez, eu gostei das corridas de cavalo. No verão – acho que isso ainda acontece – você pode caminhar pela estância de Whitney até as pistas. Um amigo e eu costumávamos fazer caminhadas ali de manhã cedo e parar nas pistas para tomar café e comer *muffins* de mirtilo enquanto eles treinavam os cavalos. Eu adorava aquilo. Fomos a um leilão de cavalos em agosto, e foi lindo. Era num grande pavilhão. Os treinadores tinham pás de latão e vassouras com cabos de latão e iam atrás dos potros recolhendo o esterco. É isso que me lembro de Yaddo.

**ES:** Foi por volta dessa época que você foi assessora de poesia da Biblioteca do Congresso? Isso foi mais produtivo do que a experiência em Yaddo?

**EB:** Eu sofria, porque sempre fui muito tímida a vida inteira. Se fosse alguns anos depois, eu poderia ter aproveitado bastante, mas na época eu não gostei muito. Detestava Washington. Eram tantos prédios do governo, que parecia Moscou. Havia uma secretária muito simpática, Phyllis Armstrong, que me ajudou. Acho que ela fez a maior parte do trabalho. Eu escrevia alguma coisa, e ela me dizia: "Ah, não, isso não é oficial", então ela pegava e reescrevia usando o jargão. Costumávamos apostar nos cavalos – Phyllis sempre apostava no *daily double**. Nós nos sentávamos e ficávamos lendo a tabela das corridas; poetas podiam morrer que eu e Phyllis ficaríamos conversando sobre apostas!

Todos os "sobreviventes" daquele emprego – muitos deles já morreram – foram convidados recentemente para uma leitura. Havia treze de nós, infelizmente.

**ES:** Uma amiga tentou ir a essa leitura e disse que estava lotada.

**EB:** Havia uma *multidão*. E não sei por quê. As circunstâncias não poderiam ter sido piores, nem mais entediantes. Tínhamos um limite de uns dez minutos para a leitura. Eu *cumpri* o tempo exato. Mas alguém como James Dickey falou sem parar. Stafford foi bem. Não o conhecia e nunca o tinha escutado. Ele leu um poema curtinho que me trouxe lágrimas aos olhos, e leu lindamente.

Não gosto muito de leituras de poesia. Prefiro ler o livro. Sei que estou errada. Fui a poucas leituras de poesia que consegui *suportar.*

* Tipo de aposta em que se escolhem dois cavalos específicos em duas corridas diferentes, em geral, as duas primeiras ou as duas últimas. (N.T.)

Claro, você é jovem demais para ter ido às leituras de Dylan Thomas, eram mania...

Quando era alguém como Cal Lowell ou Marianne Moore, era como se fossem meus filhos. A primeira vez que ouvi uma leitura dele foi há muitos anos em um auditório pequeno, acinzentado, da New School for Social Research. Foi com Allen Tate e Louise Bogan. Cal era muito mais novo do que todos ali e tinha publicado apenas dois livros. Leu um poema longo, que não acabava mais – esqueci o título* – sobre uma freira canadense em New Brunswick. Eu esqueci qual era o sentido do poema, mas era muito, muito longo e lindo, especialmente no começo. Bem, ele começou e leu muito mal. Era um pouco monótono, e todo mundo tentava prestar atenção. Ele havia lido uns dois terços do poema quando alguém gritou: "Fogo!" Houve um pequeno incêndio no saguão, nada demais, em cinco minutos estava acabado e todos retornaram a suas cadeiras. O pobre Cal disse: "Acho que é melhor recomeçar", e ele leu tudo de novo. Mas sua leitura melhorou muito, muito mesmo, nos últimos anos.

**ES:** Ele não poderia ter sido melhor na gravação do Poetry Center que acaba de sair. É maravilhosa. E muito engraçada.

**EB:** Não tive coragem de ouvir. ■

---

* "Mother Marie Thérèse" [Madre Maria Teresa], publicado em *The Mills of the Kavanaughs* [Os moinhos dos Kavanaughs].

# *A biblioteca de Elizabeth Bishop: uma lembrança*

**Mildred J. Nash, 1983**

*Massachusetts Review*, n. 24, 1983, p. 433-37.

*Tradução* Rogério Bettoni

Parei de questionar e hoje apenas aceito a boa sorte que tive de ser escolhida por Elizabeth Bishop para participar de sua oficina de escrita no segundo semestre de 1976. Na época, Elizabeth Bishop era um dos três poetas de Harvard; os outros dois eram Robert Lowell e Robert Fitzgerald. Mal pude acreditar quando vi meu nome impresso na lista da senhorita Bishop (isso foi antes de eu me dar conta de que poderíamos nos tratar pelo primeiro nome). Que nos tornaríamos amigas, parecia igualmente improvável.

Olhando para trás, ainda não consigo explicar por que ela me escolheu para uma honra como essa. Diversas vezes ela estranhou que alguém da Faculdade de Educação de Harvard pudesse escrever sem nenhum traço do jargão educacional que ela menosprezava. Uma vez ela confidenciou que eu era a única aluna que ela teve em Harvard que lhe entregava todo o trabalho em dia. (Nunca consegui me sentir confortável com esse elogio; quem, afinal de contas, quer ser um não harvardiano?) Eu suspeitava, no entanto, que Bishop se sentia tão pouco à vontade em Harvard quanto eu. De todo modo, naquele semestre ela encarava a aposentadoria obrigatória dos 65 anos. Talvez Bishop percebesse que eu era mais velha que os outros no grupo. Afinal, nenhuma outra aluna havia aparecido em "dia de nevasca" acompanhada da filha de oito anos. Na verdade, aquela era a primeira vez que Bishop me convidava (com a filha e tudo!) para tomar um café na Piroschka's, um prazer que repetimos diversas vezes antes de terminar o ano escolar.

Depois de Harvard, não tive coragem de telefonar para a senhorita Bishop, mesmo depois de ela ter me dado seu número de telefone, que não constava no catálogo. No final de 1977, quando precisei de uma recomendação acadêmica, escrevi para ela. No dia seguinte, meu telefone tocou – a senhorita Bishop queria que eu a visitasse em sua casa com os formulários necessários e, é claro, minhas filhas eram bem-vindas! Nossos telefonemas e encontros casuais haviam começado.

Depois, no final de 1978, Elizabeth (agora ela insistia que eu usasse seu primeiro nome) me ligou perguntando se eu poderia ajudá-la a organizar sua biblioteca. Pulei de alegria. Havia prateleiras duas vezes mais altas que Elizabeth cobrindo uma parede alta de cada cômodo de seu espaçoso apartamento no edifício Lewis Wharf (a cozinha era quase do tamanho dos quartos). Essas prateleiras estavam repletas de títulos que admirei e namorei todas as vezes que estive lá. As resoluções sobre pagamento logo se transformaram em termos mais amigáveis: eu podia ficar com os descartes e duplicatas, e ela estava disposta a esperar até que eu tivesse tempo para me dedicar à tarefa nas minhas férias de inverno.

Começamos pela seção de viagens: ficava à direita da janela da sala de estar que, pegando do teto até quase o chão, tinha vista para o porto de Boston. Mantive o olhar atento procurando as embarcações estrangeiras, e Elizabeth também. Uma bandeira estranha – ou pelo menos familiar, mas incomum – a fez sair correndo para pegar os óculos e um exemplar bem gasto de um guia de bandeiras da série *The Observer's*. Também percebi seu fascínio por viagens na variedade de países que me vi tentando organizar em ordem alfabética, por continente. Muitos dos livros eram sobre o Brasil. Minhas perguntas sobre lugares dos quais eu jamais tinha ouvido falar nos levaram à mesa de café para examinarmos um grande atlas mundial, presente de Natal que ela queria há muito tempo e ganhara no ano anterior.

Praticamente todo o resto da parede da sala de estar estava reservada para os romances, exceto pela prateleira de baixo, especialmente exagerada, onde ela mantinha os livros de arte – uma fileira de seis metros deles –, e pela prateleira de dois metros de filosofia. Ela tinha a maioria dos clássicos mais comuns e muitos volumes grossos e mais desconhecidos, mas nenhum *best seller* tão recente, pelo que me lembro. Havia ainda uma prateleira de meio metro, quase engolida pelos outros volumes, com livros de psicologia, alguns títulos de Octavio Paz (que ela amava de coração, como disse, mas não entendia) e quase um metro de livros de culinária.

A organização de qualquer prateleira levava invariavelmente a uma discussão do gênero. Por mero acidente, tenho certeza, enquanto falávamos dos livros de culinária, fomos interrompidas por um telefonema. Uma amiga pedia uma receita de ensopado de lagosta. Isso a lembrou de outro pedido por telefone: uma vez, o presidente da faculdade Bryn Mawr havia ligado para pedir a receita de um ensopado de peixe que ela servira na noite anterior. Na verdade, o ensopado havia sido comprado no famoso restaurante No Name, no Boston Fish Pier. Mas ela inventou uma receita e prefiro pensar que seu solene solicitante não tenha se magoado com a farsa.

Assim que terminei a prateleira de culinária, Elizabeth serviu o almoço em uma mesa minúscula que ocupava o canto da sala de estar, perto da cozinha. Omelete com um delicioso presunto defumado de Arkansas ("A única coisa boa daquele lugar", observou Elizabeth, mas depois soube que ela também se impressionara bastante com a criação literária dos estudantes na Universidade de Arkansas.)

Nosso progresso com os livros era lento, e continuamente interrompido pelos desvios fascinantes de Elizabeth para áreas relacionadas ou não. Em uma antiga leitura de poesia aparentemente interminável de Robert Lowell, ele estava na metade de um longo poema quando um sinal de fumaça e um grito de "Fogo!" esvaziou o auditório. Depois que os ouvintes voltaram confiantes, responderam com um suspiro quando ele disse "Acho que devemos começar de novo". Elizabeth disse que odiava ir a leituras tanto quanto odiava proferi-las... De óculos no rosto mais uma vez, ela perguntou se o que víamos no mar eram patos marinhos. "O que eles comem naquela água suja?"... Depois perguntou se eu já havia mandado alguma coisa para a *The New Yorker*. Lá se tem uma leitura plausível – ela tinha a garantia de Howard Moss e confiava nele cem por cento – quer dizer, quase cem por cento... Era possível acreditar que ela passara cinco dias preparando uma fala sobre tradução e depois descobriu que o professor da

Universidade de Boston que a havia chamado pensou que ela tinha recusado e não a colocou na programação?... Ela me aconselhou a não dar atenção aos críticos – apenas um havia dito o que ela diria sobre a própria obra. Ele era um inglês adorável que escrevia anonimamente. Depois ela o visitou na casa dele, no dia em que a esposa havia sido enterrada. Por mais que ela se sentisse terrível por comparecer a um encontro em um dia tão triste, ele foi muito atencioso...

Só consegui progredir com a arrumação dos livros quando Elizabeth se enfiou numa jaqueta de neve e saiu para comprar o *New York Times*, sacar um cheque no banco e pegar a correspondência (havia uma carta da *Harper's* querendo ensaios "sob encomenda", "a conta de telefone mais baixa dos últimos anos" e notícias de sua advogada a respeito de deslizamentos na área de sua casa no Brasil, construída no século XVII). O desastre no Brasil nos fez parar de novo, dessa vez para ver fotografias da casa de Elizabeth na América do Sul. Ela contou de uma vez em que viu uma cobra deslizando no canto da sala de jantar enquanto servia almoço para uma amiga norte-americana. Na esperança de que a amiga não notasse, Elizabeth sugeriu calmamente que elas comessem a sobremesa na sala de estar. Quando a diversão terminou, ela procurou e procurou a cobra e nunca mais a viu.

De vez em quando, Elizabeth desaparecia no escritório para datilografar alguma coisa rapidamente, mas era difícil para ela abandonar os livros empoeirados que estimulavam sua asma e sua curiosidade. Muitos livros continham um irritante adicional, um inseticida branco em pó salpicado entre as páginas quando sua biblioteca no Brasil foi ameaçada por cupins. Diversos livros ainda continham os túneis feitos pelos insetos.

Fizemos um intervalo para o café. Enquanto se servia de uma xícara a mais que o recomendado pelo médico, ela discutia a controvérsia do discurso da medicina sobre o efeito do café nas hérnias.

Ela falou de casamento por amor como uma invenção nova e ocidental. "Simplesmente não deu certo comigo, mas não lamento, apesar de tudo, o fato de não ter acontecido", disse ela. Sobre mães, ela diz que, por tudo que viu e ouviu sobre as mães de seus amigos, ela provavelmente estava bem, mesmo sem ter sido criada por sua mãe.

De repente, ela sentiu um ultraje feminista, ao ouvir duas vezes no dia anterior que ela se parecia com "a avó de fulana" ou com a "tia-avó de sicrana". "Robert Fitzgerald é mais velho que eu, e ninguém diz pra ele 'Você se parece com o avô de fulano'".

Questionando por que eu queria lecionar se não precisava do dinheiro, Elizabeth disse como se recuperou rápido do sentimento de que trabalhar é um dever. Logo depois de se formar, ela conseguiu um emprego para escrever (sob o pseudônimo de Sr. Alguma Coisa) para uma firma duvidosa. Incapaz de suportar a posição, ela se demitiu pouco antes de todos os funcionários da empresa serem presos por fraude postal. Dali em diante, ela conseguiu viver frugalmente durante muitos anos com a herança do pai, tendo sua renda complementada pelo que ganhava como escritora.

Passamos um bom tempo procurando, sem sucesso, por um disco com gravações do canto de pássaros brasileiros. Lembrando-se da visita de Lowell ao Brasil, Elizabeth riu: "Só os pássaros berrantes conseguiam evitar que Cal enlouquecesse de tédio". Depois, desviamos para os álbuns de fotografia. Um deles estava repleto de estrelas do cinema francês, as amantes dos brasileiros ricos; o outro era de parentes (praticamente todo com a legenda "parentes desconhecidos") e algumas fotografias de quando era bebê ("Minha fase mais adorável foi aos nove meses").

Os melhores livros do escritório de Elizabeth – dicionários, dicionários de rima, George Herbert, uma edição anotada de *Nursery Rhyme Book* de Iona e Peter Opie (como desejei que eles precisassem ser limpos para que eu pudesse examinar esses títulos mais de perto) – estavam em uma estante circular cheia de prateleiras, ao lado direito de sua mesa.

A parede de livros do escritório tinha basicamente poesia, exceto pelas duas prateleiras de baixo, onde ficava sua coleção de livros em português e espanhol, e alguns em francês. Invejei particularmente uma edição de muitos volumes, encadernados em azul, do *Souvenirs Entomologiques*, herança de um parente. Seus livros em grego, repletos de anotações, também estavam lá. "Minhas notas na faculdade sofriam por conta do meu fracasso constante em aprender grego". Evidentemente, álgebra era mais do que um castigo: "Eu era tão ruim, que quebrei todos os recordes de nota baixa na faculdade. Acho que tirei um 2. De todo modo, tive de esperar um ano para entrar na faculdade por causa disso."

Enquanto vasculhávamos os livros de poesia, Elizabeth lembrava o passado. Um livro a fez exclamar: "Ele foi o único aluno que expulsei da sala de aula, mas ele não parava de falar – e agora tem aqui um poema dele para mim!"

De maneira significativa, não havia livros de crítica entre seus pertences, uma área que ela acreditava não ser de muito uso. Os poucos que ela mantinha, escritos por amigos, estavam colocados entre os volumes mais respeitáveis de poesia e ficção dos autores criticados.

Três dias de trabalho lento nos deixaram com um quarto ainda sobrando. Este, no entanto, precisaria esperar até minhas férias de abril, quando eu finalmente cheguei à parede de livros do quarto, o santuário interior de sua biblioteca. Lá, ela mantinha alguns de seus melhores tesouros: seus guias de campo para pássaros, flores silvestres, praias, rochas e coisas do tipo, quase todos os títulos de Beatrix Potter estavam ao lado de artefatos e brinquedos interessantes da América do Sul, assim como vários outros volumes menores de poesia. Nas prateleiras de baixo, havia antigas revistas de arte empilhadas – para serem descartadas, embora Elizabeth nunca conseguisse dar cabo delas de fato. Alguém ainda ia querê-las, dizia ela. E havia uma abundância de biografias, uma estante e meia do teto até o chão. Havia duas biografias de Lewis Carrol, e também de Edward Lear. Como ela adorava esse homem! Ela parou para folhear seu *Nonsense Book*, falando da vida triste do autor.

Pedindo desculpas pelo reumatismo que a impedia de se abaixar para olhar as prateleiras de baixo, Elizabeth ficou de pé enquanto eu lhe entregava pilhas e pilhas de periódicos, um dos quais a deixou profundamente irritada. Ela e Muriel Rukeyser haviam sido entrevistadas na mesma edição da *Vassar Quarterly*. "Eu fiquei parecendo tão frívola perto dela – falando sobre isso ou aquilo enquanto ela falava da linha de frente coreana... E ela fala meu nome, e eu nunca falo nela."

Havia fotografias de sua companheira brasileira, Lota de Macedo Soares, e do tucano por cuja morte ela se sentia responsável e não suportava falar no assunto. Havia um livro sobre a cama, porque ele era tão cheio de boas palavras que ela queria fazer um poema com elas. (Quisera eu ter a audácia de parar e ver que livro era.) Havia também um livro de poemas de John Skelton, porque um poema dele a reportava diretamente a um poema dela. E também havia as últimas publicações de seus amigos, e as *Cartas* de Flannery O'Connor que ela estava lendo naquele momento.

Nosso último dia de trabalho estava quase terminado quando consegui juntar coragem o bastante para fazer a pergunta que coçava em minha língua desde quando eu assistia às aulas da senhorita Bishop em Harvard. Às pressas e um pouco envergonhada, confessei que havia muito tempo eu me perguntava por que seu livro mais recente se chamava *Complete Poems* [Poemas completos]. Virando-se enquanto falava, Elizabeth deu uma resposta surpreendentemente simples: ela morava no Brasil na época, e nas idas e vindas de provas do Brasil para Nova York, de alguma maneira ela não percebeu o título errado nas provas do que seria seu *Collected Poems* [Poemas escolhidos].

Depois de quatro longos dias, mas que passaram rápido, a tarefa estava terminada. Elizabeth disse que estava feliz por ter a biblioteca arrumada por mais quatro anos. E eu carreguei feliz até meu carro nove sacolas de supermercado cheias de livros, incluindo o segundo dicionário de rimas de Elizabeth, duplicatas usadas dos *Poemas escolhidos* de Yeats e Auden, uma duplicata da biografia de Lear, um livro de flores alpinas, um livro de pássaros tropicais, um exemplar autografado de *Poemas completos* de Elizabeth, um abridor de latas esquerdo e um pote de doces para minhas filhas – além de duas latas grandes de um suco especial de toranja fabricado no Texas, das duas caixas que ela e a amiga Alice Methfessel haviam comprado para levar para o Maine no verão.

De alguma maneira, Elizabeth parecia sentir que poderia me agradecer por aquilo que eu considerei ser uma das oportunidades mais memoráveis da minha vida. Mas, é claro, eu jamais haveria como agradecer-lhe o bastante. ■

# *Aprendendo com a professora Bishop*

**Dana Gioia, 1986**

*New Yorker,*
15 de setembro de 1986, p. 90-101.

*Tradução*
Heci Regina Candiani

Em fevereiro de 1975, iniciei meu último semestre de graduação em Letras em Harvard. Ao escolher as disciplinas do fim do curso, tentei, ao menos uma vez, ser cuidadoso e fiquei entre dois professores – Robert Lowell e Elizabeth Bishop. O curso do professor Lowell sobre poetas do século XIX fazia muito sucesso. Todos que se sentiam atraídos por sua poesia falavam em fazer o curso. Já sobre o curso de poesia moderna de Elizabeth Bishop, nunca ouvi nenhum comentário. A impressão era de que só existia na lista de disciplinas: "Inglês 285: Estudos em Poesia Moderna: Prof.ª Elizabeth Bishop".

Hoje, se pode imaginar que era quase impossível se inscrever nas aulas com Elizabeth Bishop. Mas não. Seu curso não era um daqueles disputadíssimos, em que os alunos de Harvard conseguiam uma vaga só para dizer depois que o haviam frequentado. Os professores mais populares entre os jovens da elite literária eram Robert Lowell, William Alfred, Robert Fitzgerald e o recém-chegado Alexander Theroux. No primeiro dia de aula desses professores, era preciso se espremer para entrar na sala. Enquanto Northrop Frye, que naquele ano fora o escolhido para ministrar as *Norton Lectures,** levava quase

* Curso sobre literatura promovido pela Universidade de Harvard. A cada ano letivo, um importante nome do campo das artes é convidado para proferir seis palestras. O nome Norton é homenagem ao escritor Charles Eliot Norton (1827-1908), que foi professor da universidade. (N.T.)

mil pessoas ao auditório com suas palestras sobre mito e literatura, Elizabeth Bishop, eu descobri depois, raramente atraía mais de uma dúzia de alunos pouco entusiasmados. O comportamento dela era esquisito para o *glamour* acadêmico de Harvard, seu modo de falar nada tinha de impressionante. Ela era formal, tímida e nada teatral. Ela não queria um círculo de discípulos e não tinha mesmo nenhum. Apenas seu curso de poesia era popular, mas isso acontecia com todos os cursos de escrita, já que a política de Harvard era oferecer pouquíssimos deles. Embora o *establishment* literário de Cambridge tivesse muita estima por Elizabeth Bishop, entre os estudantes de graduação ela era apenas mais uma escritora no corpo docente. Eles sabiam que ela era famosa, mas qual professor de Harvard não era?

A primeira aula de Elizabeth Bishop aconteceu em uma sala do segundo andar do Sever Hall, um prédio encardido, de suposto valor arquitetônico em Harvard Yard*. A sala de aula – estreita, pintada de um branco lavado, de pé direito alto e teto todo rachado – parecia pertencer a uma escola secundária abandonada de Dakota do Norte. O encanamento do radiador estava à mostra, descascando. Algumas poucas prateleiras maltratadas estavam repletas de livros didáticos de lombadas carcomidas e idade incalculável. Uma dúzia de cadeiras, nenhuma delas combinando, tinha sido colocada de qualquer jeito em torno de uma mesa enorme, arranhada, no fim da qual – toda arrumada, impecavelmente penteada e fumando – estava Elizabeth Bishop.

Eu a reconheci imediatamente das fotos que tinha visto em livros, mas ainda assim, ao entrar em uma sala em que ela se sentava a poucos metros de distância, me surpreendi. Até aquele momento da minha vida, eu tinha visto tão poucos poetas em pessoa, que fiquei chocado por estar na mesma sala com alguém cuja obra eu conhecia dos livros. Dava uma sensação estranha, quase desconfortável, perceber o mundo perfeito dos livros espiando a desordem da vida cotidiana. Também fiquei surpreso com sua aparência. Era decepcionante como ela parecia normal. Não sei exatamente o que eu esperava – talvez uma figura levemente boêmia ou visivelmente excêntrica, uma Marianne Moore ou uma Margaret Rutherford. E no lugar disso, me deparei com uma mulher muito

---

* Harvard Yard é um extenso espaço gramado na região mais antiga e central do campus da universidade. (N.T.)

atraente que aparentava uns 55 anos (na verdade, ela tinha 64), usando um casaco caro e de muito bom gosto, perfeitamente composta, esperando para começar. Quando a aula começou, uns doze alunos tinham chegado. Fiquei surpreso com a baixa audiência. Além disso, cada um se sentou num canto, de modo que a sala parecia mais vazia do que intimista.

Então, ela começou: "Sou Elizabeth Bishop", anunciou, "e este é o curso de Estudos em Poesia Moderna. A forma como costumo conduzir o curso é pedindo aos alunos que escolham três ou quatro poetas que vocês gostariam de ler e discutir. Alguém tem alguma sugestão?"

A primeira pergunta: este sempre foi um momento importante nas aulas de Harvard. Era o que determinava o tom da conversa, como o lance inicial na Bolsa de Valores de Nova York.

"Podemos ler John Ashbery? Algo como 'Autorretrato num espelho convexo'?", perguntou um jovem no fundo da sala.

Aquela, sim, era uma pergunta realmente excepcional. Ashbery apenas começava a se tornar conhecido, e todo jovem poeta que eu conhecia lia seus poemas. Mas quase ninguém conseguia entender Ashbery. Seu trabalho era tão vago e difícil que as pessoas que falavam com autoridade sobre ele eram tidas em alta conta.

"Ashbery?", ela disse. "Oh, não, não podemos ler Ashbery, eu não saberia o que dizer sobre ele".

"Não podemos tentar um de seus primeiros livros?", o aluno perguntou.

"Não, não. Vamos tentar outra pessoa."

"Que tal Auden?", perguntou outro aluno.

"Oh, adoro o Auden. Mas não vai dar."

"Por que não?"

"Já lemos Auden em meu outro curso. Devemos ler alguém novo."

Ela agia como se soubéssemos exatamente quais autores ela havia trabalhado no semestre anterior. Me senti aliviado. Ao menos ela era desorganizada. Não precisei rever inteiramente o meu estereótipo de poeta.

Aquela primeira aula deve ter parecido pouco promissora. Na segunda aula, os doze alunos iniciais haviam caído para cinco – quatro novatos e eu. A administração reagiu nos transferindo para uma sala mais intimista – a "sala de seminário" no porão da Kirkland House. Para chegar lá, bastava encontrar uma porta escondida em uma das alas de dormitórios, descer vários degraus e depois caminhar um pouco até chegar a uma sala imensa, sem cor, cheia de móveis abandonados e bicicletas aos pedaços. Havia encanamento no teto e um jogo de pingue-pongue infinito do outro lado de uma fina divisória. Em um canto da sala havia uma mesa, um pouco menor do que uma mesa de jogos de cartas, que era a única aproveitável do lugar. Finalmente, todos nós encontramos a sala e nos sentamos, os seis, de frente um para o outro na superfície estreita.

"Não sou uma professora muito boa", Elizabeth Bishop começou. "Então, para garantir que vocês aprenderão algo neste curso, vou pedir a cada um que memorize pelo menos dez versos por semana de um dos poetas que leremos." Se ela tivesse dito que todos deveríamos comparecer às aulas usando luto ou mortalhas, os calouros não ficariam tão horrorizados. Afinal, estávamos no século XX, a era da crítica.

"Decorar poemas?", alguém perguntou. "Por quê?"

"Para que vocês aprendam algo, apesar da professora."

As pessoas trocaram olhares de cumplicidade, como quem diz: "Estamos diante de uma verdadeira maluca". Mas o assunto foi encerrado.

Sua modéstia era totalmente sincera. Entre os escritores que conheci, ela era a que mais se escondia. Tinha suas opiniões e preferências, mas nenhum falso orgulho. Muitas vezes, em quase todas as aulas, ela levantava as mãos e dizia: "Não imagino o que este verso quer dizer. Alguém tem ideia?" E todos discutíamos inutilmente para tentar salvá-la.

Ensinar não era algo natural para ela. Ela tinha quase 60 anos quando começou a dar aulas em Harvard, e podia-se perceber como se sentia desconfortável nesse papel. Não fazia discursos, nem mesmo informais. Nossos encontros eram mais conversas do que aulas. Ela pedia a alguém que lesse um poema em voz alta. Se era um poema longo, cada um de nós lia uma estrofe. (Algumas vezes, isso me lembrava das leituras nas aulas de gramática.) Depois, falávamos sobre cada verso do poema, de forma descontraída e desorganizada. Raramente ela tentava resumir as observações ao fim da conversa. E gostava de apontar as particularidades de cada poema, não de fazer generalizações, insistindo para que entendêssemos cada palavra, mesmo que não fizéssemos ideia sobre o que, em linhas gerais, era o poema. "Usem o dicionário", ela disse uma vez. "É melhor que os críticos."

Ela não tinha um método para abordar os poemas, e sua técnica de leitura atentiva não tinha nada em comum com aquela da Nova Crítica. Não tentava ligar todos os detalhes do poema em uma única estrutura fixa. E certamente acharia isso desagradável. Também não via os poemas a partir de uma perspectiva estritamente histórica. Para ela, os bons poemas existiam numa espécie de presente eterno. Aprender poesia com ela foi um processo lento e relaxante. A ordem das palavras no poema era o único assunto em pauta, e íamos de palavra a palavra, de verso a verso, como se tivéssemos todo o tempo do mundo. Líamos apenas os poemas de que ela gostava e era um prazer ter em Harvard uma professora que, por mais desajeitada que fosse ao conduzir as aulas, apreciava claramente aquilo sobre o que falava.

Começamos com poemas de *Spring and All* [Primavera e tudo], de William Carlos Williams. Trabalhamos com cada poema tão lentamente quanto se tivesse sido escrito em uma língua estrangeira, e ela fez comentários detalhados: informações biográficas, datas de publicação, fatos geográficos e relatos de seus encontros pessoais com o poeta. Ela admirava particularmente a passagem com a qual Williams abriu o poema-título de *Primavera e o mais*:

> A caminho do hospital de isolamento
> sob as vagas de nuvens mosqueadas
> de azul que chegam impelidas
> do nordeste – um vento frio. Além o
> ermo de extensos campos lamacentos
> pardos de erva ressequida, em pé ou aparada
>
> nesgas de água parada
> dispersão de árvores altas
>
> Ao longo do caminho todo, ruivos, roxos
> bifurcados, erectus, ramalhudos
> os arbustos e arvoredos com
> folhas de vide, pardas, mortas a seu pé
> sem vides –*

* WILLIAMS, W. C. *Poemas*. Trad. José Paulo Paes. São Paulo: Companhia das Letras, 1987. p. 53. — By the road to the contagious hospital / under the surge of the blue / mottled clouds driven from the / northeast – a cold wind. Beyond, the / waste of broad, muddy fields / brown with dried weeds, standing and fallen // patches of standing water / the scattering of tall trees // All along the road the reddish / purplish, forked, upstanding, twiggy / stuff of bushes and small trees / with dead, brown leaves under them / leafless vines.

Levamos quase uma hora analisando essa passagem tão direta, não porque Elizabeth Bishop tivesse uma tese a provar, mas porque a passagem fazia com que ela se lembrasse de muitas coisas – flores do campo, Nova Jersey, a profissão de médico, a pintura moderna. Ela raramente ia direto ao ponto, mas muitas vezes fazia com que uma frase ou passagem do poema, que podíamos ter deixado passar, se tornasse viva com uma observação brilhante, inesperada. Por exemplo, mais adiante, no poema, Williams escreve quatro versos sobre plantas desabrochando no início da primavera:

Eles entram o novo mundo nus,
friorentos, inseguros de tudo,
salvo que entram. À sua volta sempre
o vento frio, já conhecido –*

"Williams usa uma metáfora humana para as plantas", ela explicou. "Como médico ele se especializou em obstetrícia, e aqui ele vê as plantas como se fossem bebês nascendo."

O poema de Williams sobre o qual ela mais gostava de falar era "The Sea-Elephant" [O elefante-marinho], que começa assim:

Revolvendo da
singularidade do mar –
um tipo de
paraíso –
Senhoras e senhores!
o maior
monstro marinho já exibido
vivo

o gigantesco
elefante-marinho! Chafurda
a carne onde
existe

peixe suficiente
para

* WILLIAMS, W. C. *Poemas*. Trad. José Paulo Paes. São Paulo: Companhia das Letras, 1987. p. 53. — They enter the new world naked, / cold, uncertain of all / save that they enter. All about them / the cold, familiar wind.

tal apetite grotesco
que não diminui?*

Uma das coisas que ela achava especialmente interessante nesse poema era o modo como Williams faz as transições. O poema se move rapidamente de uma voz para a outra, de um humor para outro. Troca sem esforço o fascínio pela pena depois pelo burlesco e depois novamente o fascínio. Acredito que esse seja o aspecto da obra de Williams que mais se aproxima da poesia da própria Elizabeth Bishop. Ela também era mestra das transições rápidas e inesperadas, e seus poemas se movem de modo surpreendente da diversão para o fascínio, da compaixão silenciosa para a alegria. Mas em "O elefante-marinho", o tema em si já era suficiente para despertar seu interesse. Ela adorava falar sobre flores e animais exóticos, e não surpreende que ela tenha se mostrado muito bem informada sobre elefantes-marinhos. E admitiu que para ela o ponto central do poema era a palavra que Williams inventou para imitar o rugido do elefante-marinho: "*Blouaugh*". Era música para seus ouvidos.

Começamos a ler a obra de Wallace Stevens com "The Man on the Dump" [O homem no entulho]. Aqui também, penso, a escolha foi reveladora. Entre os poetas que mais a influenciaram, ela sempre citava George Herbert, Gerard Manley Hopkins, Marianne Moore e Stevens, e um poema como "O homem no entulho" representa o aspecto da obra dele mais semelhante à dela. Embora o poema seja puro, Stevens, em seu tema central, tem um estilo sutilmente diferente do que lhe é característico. Seus ritmos são mais livres e imprevisíveis do que os de poemas em verso branco, com o qual se parece um pouco. O tom é cínico e calmo, a organização é fluida e coloquial, não falsamente dramática. O inventário de banalidades e flores que o poema traz é mais típico de Bishop do que de Stevens:

[...] Dias passam como papéis saídos da prensa
Buquês chegam envoltos nos papéis. Assim o sol,

* No original: Trundled from / the strangeness of the sea – / a kind of / heaven – // Ladies and Gentlemen! / the greatest / sea-monster ever exhibited / alive // the gigantic / sea-elephant! O wallow / of flesh where / are // there fish enough for / that / appetite stupidity /cannot lessen? – São nossas as traduções de poemas não referenciadas em *Aprendendo com a professora Bishop*. (N.T.)

E assim a lua, ambos vêm, e os poemas do zelador
De todos os dias, o rótulo na lata de peras,
O gato na sacola de papel, o corpete, a caixa
Da Estônia: o pão crocante, para o chá.*

Elizabeth Bishop estava mais interessada na música de Stevens do que em sua filosofia e ficou animada em discutir poemas que beiravam versos de inspiração *nonsense*, nos quais o significado era menos importante do que o som. Além de se sentir desconfortável em analisar as ideias de Stevens, ela não gostava de seus trabalhos mais abstratos. Folheando os *Poemas reunidos*, de Stevens, a fim de escolher os poemas que leríamos para a semana seguinte, ela afirmou que não nos indicaria "The Comediant as the Letter C" [O comediante como a letra C], um poema longo, especulativo, porque ela não aguentaria lê-lo de novo.

O único poema que ela ordenou que decorássemos foi "The Emperor of Ice-Cream" [O imperador do sorvete], de Stevens, e na semana seguinte ela ficou pacientemente sentada ao longo de cinco declamações antes de iniciar um longo discurso. Típico: ela queria que memorizássemos o poema antes de falar sobre seu significado. Para ela, as imagens e a música dos versos era o principal. Se compreendêssemos o som, acabaríamos compreendendo o sentido. Também suspeito que ela enfatizava a memorização em suas aulas porque era a forma como ela mesma se aproximava dos poemas. Ela sabia dúzias de poemas de Stevens de cor e os citava casualmente nas conversas. Recitava-os como máximas conhecidas universalmente que qualquer um de nós poderia ter mencionado se tivesse tido a ideia antes. Uma vez, durante um debate sobre como Stevens usava as flores, seu rosto se iluminou de repente e ela disse:

Não há ursos entre as rosas
Apenas uma virgem negra que acha
As coisas falsas e injustas

Perto da lamparina da beleza
Quem caminha, em missão de adeus,
Caminha bem demorado

* No original: Days pass like papers from a press. / The bouquets come here in the papers. So the sun, / And so the moon, both come, and the janitor's poems / Of every day, the wrapper on the can of pears, / The cat in the paper-bag, the corset, the box / From Esthonia: the tiger chest, for tea.

Pena que seu devoto abandono
Preencha a vigília da virgem
Com um calor tão forte*

Aquele foi um momento de júbilo. Pegando todos de surpresa, o poema nos deixou maravilhados, algo que a poesia deveria, mas raramente tem licença para evocar. A conversa parou, e todos nós, sentados em volta da mesa, sorríamos como idiotas. Elizabeth Bishop ficou fascinada com nossa reação, mas também chocada porque nenhum de nós conhecia o poema. (Ela sempre ficava genuinamente chocada em perceber que nenhum de nós sabia tanto quanto ela sobre poesia.) Alguém perguntou o título do poema. "Não sei!", ela exclamou. "'Ursos e rosas', eu acho." E então todos começamos a folhear nossos livros em busca do poema. Até que achamos – "The Virgin Carrying a Lantern" [A virgem carrega a lamparina].

Para Elizabeth Bishop, o grande tema de Stevens não era a poesia, ficção máxima. Era a Flórida, paisagem suprema. Ela nos apresentou Stevens com um longo discurso sobre a Flórida – "o estado de nome mais bonito", ela disse – e voltou ao tema repetidamente, sempre com afeto e entusiasmo. Mas de algum modo suas memórias da Flórida se tornaram um ideal tão platônico quanto a percepção de ordem que tinha Stevens sobre Key West. Ela tinha plena consciência do quanto a *sua* Flórida havia evaporado. Seus comentários sobre Key West eram sempre precedidos de negações como "Nos anos 1930, havia..." Ela falava como se fosse Eva se lembrando do Éden.

"Mais delicadas do que as dos historiadores são as cores dos cartógrafos", ela escreveu uma vez e, de forma apropriada, iniciou sua fala sobre Key West com um fato topográfico. "Key West", ela disse, "fica a apenas 145 quilômetros de Cuba". (Ao anotar isso em meu caderno, eu, que nunca tinha estado mais ao Sul do que em Washington, D.C., tive visões maravilhosas do Velho Sul escorregando para dentro da América Latina em paisagens emolduradas por musgo negro.) Depois, ao falar sobre "O imperador do sorvete", ela explicou: "Durante a

* No original: There are no bears among the roses, / Only a negress who supposes / Things false and wrong // About the lantern of the beauty / Who walks, there, as a farewell duty, / Walks long and long. // The pity that her pious egress / Should fill the vigil of a negress / With heat so strong!

Depressão, a cidade era um terço cubana, um terço negra e um terço todo o resto". Também havia problemas trabalhistas, ela contou e, então as fábricas de charuto se mudaram para Tampa. A cidade ficou cheia de enroladores de charuto desempregados. Os cubanos vendiam sorvetes nas ruas. As pessoas ainda usavam lamparinas. O poema foi inspirado, ela insistia, por um funeral que Stevens viu em Key West. Sua explicação era a própria antítese da Nova Crítica. Era, na verdade, um monte de coisas apócrifas, mas ela me convenceu.

Ela também nos revelou que Stevens ia para Key West todos os invernos com seu amigo e sócio, o juiz Arthur Powell. Ela sabia até em qual hotel ficavam – Casa Marina. E para nossa satisfação, ela também nos contou em tom desaprovador que em 1936 Ernest Hemingway deu uma surra em Stevens em Key West. A culpa, ela nos disse, foi de Stevens. Ele estava bêbado e deu em cima da mulher de Hemingway (e amiga de Bishop), Pauline, e fez um comentário ofensivo sobre as roupas dela, que, segundo fomos informados, "eram perfeitamente respeitáveis para um *resort*". Hemingway atingiu Stevens em cheio. Elizabeth Bishop narrou o incidente com nitidez e muitos detalhes, como se ela os tivesse presenciado. Talvez tivesse mesmo. Depois eu pesquisei sobre o incidente, que parecia divertido demais para ser verdadeiro, e descobri que aquilo havia realmente acontecido, embora não exatamente do modo como ela havia relatado. Na verdade, Stevens insultou a irmã de Pauline, Ursula.

Elizabeth Bishop detestava a crítica literária. Em 1950, ela escreveu para a antologia *Mid-Century American Poets* [Poetas norte-americanos de meados do século], de John Ciardi:

> A análise de poesia está se tornando cada vez mais pretensiosa e maçante. Depois de um tempo lendo as revistas intelectualizadas, não se deseja olhar para um poema por semanas, quanto mais escrever um. [...] Isso não significa que eu me oponha a todas as leituras atentivas e à crítica. Mas me oponho a transformar a poesia em algo monstruoso e cansativo e passar o resto da vida falando sobre isso.

Vinte e cinco anos depois, sua atitude em relação ao tema se tornou mais rígida. A Nova Crítica não era só cansativa, mas equivocada. Ela sentia que a maioria da crítica reduzia os poemas a ideias e que o esplendor particular de cada poema se perdia no processo. Um poema (se fosse bom) podia falar por si mesmo. Quando ela criticava os críticos, nunca se expressava de modo abstrato, como se a "crítica literária" fosse uma área de conhecimento. Em vez disso, ela incorporava a vingança se referindo de modo coletivo aos "críticos", uma espécie de conspiração desajeitada de idiotas bem-intencionados com acesso à imprensa. "Eles" eram sempre mencionados de modo cordial e depreciativo e rejeitados com um único gesto, gracioso, da mão em que ela segurava o cigarro.

Sem ser dogmática a respeito de suas próprias teorias, Elizabeth Bishop fazia algumas concessões: havia críticos que estávamos autorizados a ler sem risco. "Autorizados", entretanto, é uma palavra muito fraca, porque, quando ela gostava do trabalho de um crítico, ela gostava de forma tão intensa quanto dos poemas que esse trabalho analisava. Seu crítico favorito era o amigo Randall Jarrell, morto havia quase dez anos. A perda ainda parecia recente, pois ela sempre falava dele com tristeza, como se ele tivesse morrido há poucas semanas. Outro crítico de quem ela gostava era Helen Vendler. Ela usava o livro *On Extended Wings* [De asas esticadas], de Vendler, sobre os poemas mais longos de Stevens, como uma espécie de Bíblia. Sempre que discutíamos um dos poemas mais longos, ela trazia a obra de Vendler para a aula. Falávamos sobre o poema até chegarmos a um impasse e nesse ponto a professora Bishop sugeria: "Vamos ver o que Vendler diz". Ela encontrava o capítulo e o parágrafo, citava-o, e só então nos deixava prosseguir.

Eu me lembro de uma tarde chuvosa, quando uma epidemia de gripe dizimou Cambridge. Apenas eu e outro aluno aparecemos para a aula, nos sentamos em volta da mesa no sombrio submundo de Kirkland House conversando sobre "The Man with the Blue Guitar" [O homem do violão azul] e ouvindo a chuva respingar nas janelas do porão. Todos nós tínhamos acessos de tosse por causa da gripe, especialmente Elizabeth Bishop, que ainda assim não parava de fumar. Ela estava, claro, com seu exemplar de *De asas estendidas*, e a cada poucos minutos ela parava a conversa para consultá-lo. Nós nos recostávamos e esperávamos que ela encontrasse a passagem que queria. Se um estrangeiro fosse transportado de repente para aquela sala, é pouco provável que imaginasse estar em um curso da Universidade de

Harvard. Mais parecíamos um trio de velhos numa casa de repouso jogando *bridge* com as cartas expostas.

Depois de Stevens, passamos a Robert Lowell, e essa troca deu a nós, os alunos, uma estranha sensação de deslocamento. Muitos já estávamos familiarizados ao menos com alguns dos poemas de Lowell, como estávamos com algo de Stevens e Williams. Mas o "professor Lowell", como Bishop costumava chamá-lo, lecionava em Harvard. Alguns de nós tínhamos sido alunos dele, todos o conhecíamos, ou ao menos o tínhamos ouvido lendo seu trabalho. Elizabeth Bishop o conhecia há quase 30 anos (eles foram apresentados um ao outro por Randall Jarell em 1946), e às vezes os víamos caminhando juntos perto de Harvard Square. Muitos dos poemas de Lowell eram dedicados a ela, e ela assinava a contracapa de *Life Studies* [Estudos sobre a vida], que estava reservado para seus alunos na biblioteca. Agora estávamos em Cambridge com ela, lendo os poemas de Lowell, vivendo entre lugares e coisas sobre as quais ele escreveu: Boston Common, o monumento de Saint Gauden ao coronel Shaw e seu regimento negro, o rio Charles, as cidades de Salem e Concord, a Coupley Square e a Universidade de Harvard. Tudo isso conferia ao trabalho de Lowell uma proximidade especial. E se, aos vinte minutos ou mais de aula, Elizabeth Bishop se distraía, como acontecia às vezes, e se referia ao "professor Lowell" como "Cal", sentíamos um arrepio de cumplicidade, como se ela dividisse um segredo conosco.

Esses lapsos não eram comuns. Ela se esforçava por manter o distanciamento nas discussões sobre a poesia de Lowell. Enquanto nós nos divertíamos com suas reminiscências eventuais, ela sentia certa incompatibilidade entre falar sobre Lowell como amigo e conduzir uma discussão objetiva sobre sua poesia como professora. Por causa disso, Lowell foi o único dos poetas estudados ao qual ela não dedicou um tempo enorme para nos suprir de informações biográficas. Em vez disso, ela nos inundou de informações históricas, literárias e geográficas para cada poema que líamos. Ela foi especialmente meticulosa ao nos explicar as referências locais na poesia de Lowell. Sempre que ele mencionava um bairro de Boston ou um ponto de referência, ela perguntava imediatamente quantos de nós conhecíamos o lugar. Como um californiano transplantado, eu mal conhecia Boston. E logo ela fez com que eu passasse minhas tardes livres vagando pelo Common, buscando a estátua de Hooker e procurando os barcos de cisnes no Public Garden. E ela estava certa ao pensar que se podia aprender mais sobre a poesia de Lowell em uma hora de caminhada perto do State House do que lendo um artigo sobre seu livro *Lord Weary's Castle* [O castelo de lorde Weary]. A autora de *Norte & Sul*, *Questões de viagem* e *Geografia III* levava a sério a topografia local.

Um de seus comentários frequentes a respeito do livro *Estudos sobre a vida* era sobre a habilidade de Lowell em criar uma frase unindo espaço e tempo. Na sequência de abertura do poema "My Last Afternoon with Uncle Devereux Winslow" [Minha última tarde com tio Devereux Winslow], ela destacou frases para elogios especiais (itálicos meus):

> Era assim que eu jogava água gelada
> Nas *quimeras de martini aguado*
> de minha mãe e meu pai no jantar de domingo.
>
> ... minha tia-avó Sarah
> aprendia *Sansão e Dalila*
> Ela *retumbava no teclado de seu piano fictício*
> com cortinas de gaze como as mesas de alcovas...
>
> ... Tia Sarah, erguida como fênix
> de sua cama de *pequenas preocupações e clássicos da Tauchnitz*.*

Versos como esses a lançavam num redemoinho de memórias e associações, e então ela começava a falar a respeito de "Estudos sobre a vida" como se fosse o álbum de família *dela*. Cada poema se assemelhava a uma fotografia de sua infância. Ela nos fez perceber que o que havia de tão extraordinário nesses poemas não era o fato de serem confessionais ou tecnicamente inovadores, mas sim por recriarem com perfeição um pequeno universo que havia desaparecido.

Algumas vezes ela falava sobre sua história familiar, mas sempre de forma indireta. Ela nunca mencionava pessoas ou acontecimentos – apenas lugares e coisas. Uma vez ela nos contou sobre uma relíquia

---

* No original: That's how I threw cold water / on my Mother and Father's / watery martini pipe dreams at Sunday dinner. // [...] my Great Aunt Sarah / was learning Samson and Delilah. / She thundered on the keyboard of her dummy piano, / with gauze curtains like a boudoir table [...] // Aunt Sarah, risen like the phoenix / from her bed of troublesome snacks and Tauchnitz classics.

familiar que ela havia herdado – uma paisagem banal pintada por um tio-avô que ela nunca conheceu. E disse que foi só depois de possuir o quadro por algum tempo que repentinamente reconheceu o lugar retratado. Com décadas de diferença, ela e o tio-avô haviam visto e se surpreendido com o mesmo lugar banal – um "cafundó" na Nova Escócia. Ela transpôs esse incidente para seu "Poema", de *Geografia III*, pois sua poesia quase sempre se inspirava diretamente na vida.

Quando chegamos ao fim de "Estudos sobre a vida", partimos para "Skunk Hour" [Hora do gambá], que traz a dedicatória "Para Elizabeth Bishop". Eu sabia que Lowell afirmava que o poema era parcialmente baseado em "O tatu", escrito por ela, mas sempre imaginava se haveria algo mais por trás da dedicatória. (Isso foi muito antes da biografia de Lowell escrita por Ian Hamilton.) Será que ela aparecia em algum dos episódios que o poema descreve? Esperei um comentário dela – ela sempre nos explicava as dedicatórias. Mas ela pulou esta, então tomei coragem e perguntei.

"Ah, é dedicado a mim, né?", ela disse. "E não consigo mesmo me lembrar por quê. Tenho certeza de que ele tinha um motivo. Acho que foi porque uma vez, no verão, quando o visitei em Castine – que fica acima, em Maine –, ouvimos uns barulhos no quintal e, quando olhamos, havia uma família de gambás revirando o lixo. Ele deve ter se lembrado de que eu estava lá naquela noite."

Essa explicação não era nem de longe a revelação que eu esperava, mas me sentei e fingi estar satisfeito. Ela retomou o controle da aula e começou uma esplêndida leitura do poema sem desperdiçar nenhuma palavra ou comentário. Quando chegou à sexta estrofe, ela comentou sobre o modo inteligente como Lowell inseriu uma frase de uma canção no poema.

> O rádio do carro gemia
> "Amor, oh, amor tranquilo"... Ouço
> minha alma triste soluçar nas células do meu sangue*

"Você quer dizer que é uma música de verdade"?, alguém perguntou.

* No original: A car radio bleats, / "Love, O careless Love..." I hear / my ill-spirit sob in each blood cell...

Elizabeth Bishop reagiu instantaneamente com um olhar de horror contido que significava que alguém havia feito uma pergunta idiota. "Vocês não conhecem essa música?", ela perguntou.

Todos nós sacudimos a cabeça e, então, ali no porão de Kirkland House, com o encanamento tinindo sobre nossas cabeças, ela cantou para nós em suave pianíssimo.

Kirkland era uma das belas ribeirinhas neogeorgianas de Harvard, situada perto do Charles. Os quatro novatos da sala moravam em outras ribeirinhas, nas redondezas, mas a professora Bishop e eu vínhamos do lado oposto. Nossa turma era tão pequena e informal que saíamos todos juntos e, a menos que eu me atrasasse um pouco, a boa educação ditava que ela e eu caminhássemos juntos rumo a Harvard Yard. E a boa educação era uma virtude estimulada em suas aulas. Ao descer rumo ao porão de Kirkland House, depois de passar pelo tumulto barulhento e apertado de Harvard Square, entrava-se em um mundo mais lento e gracioso, em que nenhum contato entre as pessoas era apressado ou descortês. As paredes carcomidas de nossa sala subterrânea, onde o único enfeite eram os canos de aquecimento no teto e onde o leve cheiro enferrujado da fornalha se misturava às vezes à colônia suave de nossa professora, poderia fazer esse tipo de gentileza parecer inútil, mas aqui, durante algumas horas por semana, o decoro triunfava sobre o decorativo. Cada um de nós era tratado como "senhor" ou "senhorita", o mais brando descaso era suprimido, e os cavalheiros deviam abrir as portas para as senhoras.

As regras implícitas dessa etiqueta eram ainda mais inflexíveis. Ao segurar a porta para a professora quando saíamos do submundo de Kirkland, eu tacitamente concordava em acompanhá-la até Harvard Yard. Da mesma forma, eu sabia instintivamente que, pela mudança no tom de sua voz depois que subíamos e ainda piscávamos os olhos para nos acostumar à luz moderada do dia, qualquer conversa sobre poesia agora deveria ser encerrada. No início, pensei que a nítida separação entre suas identidades profissional e social eram apenas mais um exemplo de seu decoro. Mas logo depois percebi o quanto ela tinha horror a conversas sobre literatura. Sob pressão, ela poderia falar um pouco sobre poesia, mas, assim que possível, mudaria de assunto.

Uma vez ela me contou uma história que resumia seu comportamento. Northrop Frye, palestrante Norton do ano, era o convidado de honra de um jantar para o qual Elizabeth Bishop tinha sido convidada. Ela estava incomodada porque não havia lido nenhum dos livros dele e ficou chocada ao descobrir que se sentaria ao lado dele durante o jantar. Quando a refeição foi servida, ela se virou para ele e confessou: "Nunca li nenhum de seus livros." "Que maravilha!", ele respondeu, claramente aliviado. E eles passaram o resto da noite conversando sobre a Nova Escócia.

Minha dificuldade em conversar com ela em nossa primeira caminhada depois da aula era resultado do problema oposto. Eu tinha lido todos os seus livros e minha admiração me intimidava. No começo, minha timidez e a formalidade dela resultaram em conversas de natureza predominantemente meteorológica. Então, numa tarde, sem nenhum motivo aparente (embora talvez algum gato negro tenha cruzado o caminho da minha imaginação), mencionei que minha mãe, lá em Los Angeles, estava tentando criar gatos himalaios. Na mesma hora ela me encheu de perguntas detalhadas e, daquele momento em diante, nunca mais sentimos falta de uma conversa animada. Nossos temas favoritos eram animais de estimação, flores, árvores frutíferas, música religiosa e viagens, o que sempre acabava comigo na Califórnia e com ela, inevitavelmente, no Brasil, onde, ela me assegurou, as orquídeas cresciam até mesmo nas linhas de telefone. Algumas raras vezes falamos sobre livros. Depois de algum tempo, começamos a parar para "um chá" em um restaurante russo que havia por perto, onde nós dois sempre tomávamos café.

Ao longo do semestre, os novatos começaram a ficar irritados com os hábitos singulares da professora. Seus esforços de memorização se tornaram tão desinteressados e suas declamações tão vacilantes e negligentes que, em abril, essas exigências foram abandonadas. Mas esse sinal de capitulação já não importava para os poucos insatisfeitos. "Inglês 285" não era o curso que eles haviam sonhado, uma disciplina improvável a que alguns dos alunos começaram a se referir como "Estudos em Elizabeth Bishop". Um aluno brilhante, de ombros largos, membro do Crimson, o time de futebol de Harvard, resumiu o desespero dos novatos. "Eu poderia ter escolhido o curso de Lowell", ele resmungou. "Ele estará em todas as antologias".

Os ânimos não melhoraram diante da longa dissertação que teríamos de entregar no fim de abril. Ela nos pediu que escolhêssemos qualquer poeta moderno (exceto os três discutidos nas aulas) e escrevêssemos um ensaio introdutório sobre seu trabalho. Algumas semanas antes da entrega das monografias, a professora Bishop nos perguntou, durante a aula, quais poetas havíamos escolhido. Ninguém se ofereceu para responder, e depois de mais algumas perguntas, ela percebeu que nenhum dos novatos havia decidido e que eu havia escolhido Georg Trakl, um poeta moderno austríaco cujo trabalho era quase desconhecido nos Estados Unidos. Depois de debatermos um pouco, ela concordou, relutantemente, com minha escolha nada ortodoxa, mas não antes de sugerir – educadamente, é claro – que eu tinha enfiado esse estrangeiro em seu curso por alguma brecha. E então compreendi que era melhor escrever um bom trabalho. Mas meus problemas estavam apenas começando. Na aula seguinte, todos os alunos, exceto um, anunciaram que também escreveriam sobre poetas estrangeiros. Do outro lado da mesa, eu senti que ela me encarava longa e friamente. Era o tipo de olhar que os diretores chamavam de "fuzilar lentamente" – aquele olhar que Oliver Hardy lançava momentos antes de chacoalhar a cabeça do pobre Stan Laurel dizendo: "E eis que você nos meteu em mais uma encrenca!" Mais compreensiva do que o Senhor Hardy, a professora Bishop não passou daquele olhar e, sem esperança, concordou com nossa xenomania coletiva, mas não sem antes perguntar: "O que há de errado com a língua inglesa?"

Dez dias depois de entregar minha *opus magnum* sobre Trakl, recebi um envelope da professora contendo meu ensaio e uma carta datilografada. Nem a carta nem a página de rosto do trabalho traziam uma nota. Folheando o ensaio, percebi que cada página trazia dúzias de correções, perguntas, supressões e sugestões na letra retorcida da professora Bishop. Algumas páginas tinham obviamente passado por três correções, uma em tinta azul, outra em tinta vermelha e outra com seu famoso lápis azul. Chocado, comecei a ler comentários nas margens como "Expressão horrível", "Frase desnecessária", "Trava-língua", "Não está no dicionário" – a maioria deles seguida de um ponto de exclamação, como em seu recorrente e incontestável "Não!" Um esporádico "Melhor" ou "Sim" (sem ponto de exclamação) pouco me ajudou a recuperar minha autoconfiança. Fui avaliado e deixei a desejar. Só então voltei para a carta, que começava assim:

Caro Sr. Gioia,

O senhor perceberá que fiz muitas, muitas pequenas anotações e sugestões em seu ensaio, mas apenas porque está muito bom, bem escrito, e só quero que ele fique ainda *melhor* escrito e que, aqui e ali, possa oferecer uma leitura mais agradável.

Se aquele era mesmo um trabalho "muito bom", eu imaginei o que teria acontecido aos ruins. E então percebi que até mesmo a carta que ela escreveu passou por meia dúzia de revisões. Reexaminando o trabalho, percebi que todos, exceto três das centenas de comentários, eram referentes a questões de estilo. Haveria uma palavra melhor? Seria aquela frase necessária? Estaria eu usando um termo literário quando uma palavra coloquial teria o mesmo efeito? "Quando em dúvida", ela escreveu no fim de uma página particularmente profunda, "use a palavra mais curta".

Foi então que percebi que, apesar de sua desorganização crônica, a professora Bishop havia inventado – ou talvez, apenas improvisado – um modo de ensinar poesia que era completamente diferente do modo convencional adotado nas universidades norte-americanas. Ela nunca expôs claramente sua filosofia na sala de aula, mas a praticava de modo tão consistente, que é fácil – especialmente agora, uma década depois – perceber o que ela estava fazendo. Ela desejava que víssemos os poemas, não as ideias. Poesia era um modo especial de se falar sobre o mundo, só que em verso, e aqui, como um de seus colegas canadenses disse uma vez, "o meio era a mensagem"*. Não se interpreta a poesia, vive-se a experiência da poesia. Mostrar como viver essa experiência de modo claro, intenso, e acima de tudo, direto, essa era a substância de suas aulas. Ninguém precisa de uma teoria sofisticada. Precisa de inteligência, intuição e um bom dicionário. Não há subtexto, apenas o texto. Uma pintora entre os platônicos, ela preferia a observação à análise, o poema à poesia.

Nossa avaliação final foi surpreendente até para mim. Uma prova a ser feita em casa, que ocupava uma página inteira datilografada (coberta de correções à mão, que já haviam se tornado marca registrada)

---

* *O meio é a mensagem* é o título de um dos livros do filósofo e educador canadense Marshall McLuhan (1911-1980). (N.T.)

e nos propondo quatro exercícios diferentes de todos os que tínhamos visto em qualquer prova de inglês na Faculdade de Letras. Além disso, ela nos deu tamanhos exatos de palavras e requisitou citações, além de ordenar o seguinte: "Usem apenas seus livros e um dicionário; por favor, não consultem uns aos outros."

Primeiro, o exame final nos pedia para "achar e reproduzir, para cada um dos três poetas estudados, dois exemplos de: símile, metáfora, metonímia, oximoro e sinestesia." Aquilo parecia bizarro, mas era fácil. Segundo, ela nos pediu para reler "The Descent" [A descida], de Williams, e responder a uma série de questões sobre o sentido de algumas frases específicas, além de encontrar paralelos em passagens de Lowell e Stevens. Terceiro, teríamos de "parafrasear 'Hora do gambá', de Lowell, da forma mais simples possível, primeiro descrevendo a *história*, o que acontecia em cada estrofe: quem, quando e onde", e depois, respondendo a uma bateria de perguntas sobre pessoas, lugares, épocas e frases em particular. "Sejam breves!", a professora Bishop anotou ao fim da questão que tinha dois parágrafos. Essas questões eram incomuns, mas não completamente inesperadas, já que refletiam o método usado nas aulas. Foi a questão nº 4 que deixou todo mundo perdido:

Agora, tente escrever 24 linhas em versos originais: três poemas de oito linhas cada, imitando os três poemas estudados nos estilos e características típicas de cada um. (No caso de Lowell, o estilo de *O castelo de lorde Weary*). Não espero que esses pastiches sejam grande poesia! – mas tentem imitar (ou parodiar, se preferirem) o tema, a métrica, as imagens e a rima (se apropriado) característicos.

Pode ser que não tivéssemos consultado uns aos outros sobre as respostas para essa prova, mas, ao sair de Kirkland depois da aula com a prova em mãos, era impossível não falar sobre as perguntas. Bishop tinha ido para sua sala, e nós estávamos sozinhos.

"Não acredito nisso", um dos novatos grunhiu. "Vamos ter de escrever poemas."

Alguém o consolou dizendo que ao menos todo o resto da prova era fácil.

"É, mas ainda vamos ter de escrever poemas."

Dias depois, ao entregar minha prova à sala da professora Bishop, aproveitei para lhe fazer uma última visita antes de voltar para a

Califórnia. O adeus de um aluno a sua professora preferida é um ritual geralmente sombrio, e me preparei para o momento com a melancolia necessária. Entrei em sua sala imaginando se algum dia a veria novamente.

Ela parecia feliz em me ver. Na verdade, parecia um tanto mais alegre e despreocupada do que nas últimas semanas. Ela me envolveu no mesmo momento em uma conversa atipicamente despretensiosa, contra a qual minha seriedade típica da juventude se provou uma defesa inadequada. Conversamos por quase uma hora. Ela até me pediu meu endereço na Califórnia – isso significava que haveria cartas. Eu gostei da visita, mas saí de lá um pouco confuso. Nunca a tinha visto tão animada. Foi só quando me levantei para ir embora que entendi. Mais do que qualquer aluno, ela estava eufórica porque as aulas haviam terminado. ■

CRÉDITOS DAS FOTOGRAFIAS

Capa, p. 22 e 23: J.L. Castel
p. 2 e 3: Arquivo George Ermakoff, Rio de Janeiro - Anos 50 e 60
p. 18: Elizabeth Bishop em Petrópolis - Foto Arquivo/Agência *O Globo*
p. 192: Arquivo George Ermakoff, Rio de Janeiro - Anos 50 e 60

SOBRE O ORGANIZADOR

**George Monteiro** leciona estudos portugueses e brasileiros na Universidade Brown, em Providence, Estados Unidos. Trabalhou como professor intercambista pelo Programa Fulbright em Literatura Americana no Brasil – São Paulo e Bahia –, no Equador e na Argentina, e como professor visitante na UFMG, em Belo Horizonte. É autor de vários livros, com destaque para *Stephen Crane's Blue Badge of Courage* (2000), *Fernando Pessoa and Nineteenth-Century Anglo-American Literature* (2000), *The Presence of Pessoa* (1998), *The Presence of Camões* (1996) e *Critical Essays on Ernest Hemingway's A Farewell to Arms* (1994). George Monteiro também traduziu Fernando Pessoa e Miguel Torga, entre outros escritores portugueses, para publicações nos Estados Unidos.

Este livro foi composto com tipografia Bembo Std e impresso
em papel Pólen Bold 90g/m² na Formato Artes Gráficas